# LES
# MONUMENTS FRANCISCAINS

## D'ASSISE

## ET LES FIORETTI

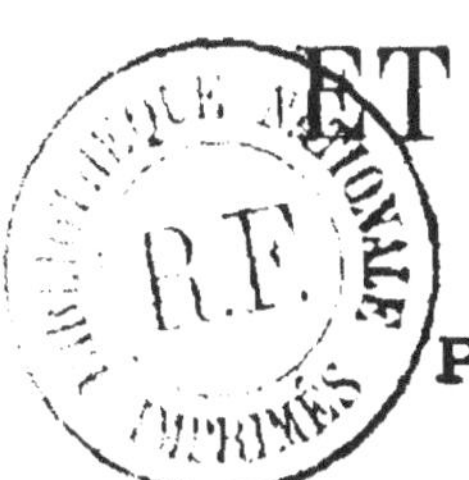

**Par M. l'abbé A. RICHE**

Prêtre de Saint-Sulpice.

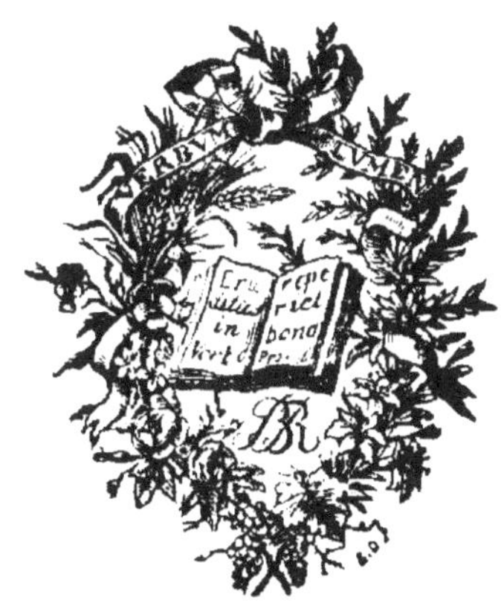

PARIS

**BRAY ET RETAUX, LIBRAIRES-ÉDITEURS**

82, RUE BONAPARTE, 82

—

1876

LES

# MONUMENTS FRANCISCAINS

## D'ASSISE

ET LES

# FIORETTI

ABBEVILLE. — IMPRIMERIE BRIEZ, C. PAILLART ET RETAUX.

# LES MONUMENTS

## FRANCISCAINS D'ASSISE

Perpétuer la gloire ou du moins le souvenir de ceux qui
ne sont plus ; telle est la pensée qui préside à l'érection des
monuments funèbres. Mais ces mausolées n'ont pas tous, il
s'en faut, la même valeur dans l'estime des hommes. Il y a
autant de degrés dans l'appréciation qu'on en fait, qu'il y en
a dans leurs proportions matérielles; depuis l'humble pierre
qui couvre la fosse de l'inconnu jusqu'aux édifices magnifiques érigés à la mémoire des grands de la terre. Les Pha-
raons s'étaient choisi des pyramides pour leurs sépultures,
les empereurs romains préférèrent des tours. Mais le christianisme n'a pas été satisfait de ces monuments grandioses;
il a fallu que les tombes de ses saints, élevées vers le ciel
et agrandies par la vénération des peuples, se transfor-
massent en splendides basiliques. Bien plus encore, il existe
une ville, riche du tombeau et du temple d'un saint, qui
s'est couverte successivement d'une foule de monuments

destinés à rappeler les principaux traits de sa vie ; et l'ensemble de ces monuments paraît encore former maintenant comme la clôture extérieure, et comme le vestibule de sa basilique sépulcrale.

Ce comble de gloire, après la mort, personne ne s'en montra si peu jaloux, pendant sa vie, que saint François d'Assise. Il éprouvait un tel désir de s'assurer ici-bas une éternelle obscurité, qu'il ambitionna comme un privilége de ne reposer que dans une sépulture ignominieuse. Lorsqu'il se sentit sur le point de quitter la terre, il supplia ses disciples de l'enterrer en dehors des murs de la ville, dans un endroit destiné au supplice des malfaiteurs, et que l'on appelait pour cela, la *Colline Infernale*. Mais il arriva que la ville gardienne de son berceau et de sa tombe les environna de tant et de si magnifiques monuments, qu'elle en a pris un nom tout céleste : c'est maintenant la *Cité Séraphique*. Au lieu de ce peu de terre qu'il demandait à peine dans un endroit déshonoré, pour recouvrir sa fosse, voilà qu'Assise, une ville tout entière, est devenue son mausolée. Tel est le caractère, unique dans son genre, de cette gracieuse cité de l'Ombrie, et telle est l'idée qu'elle s'est identifiée.

Quelques ruines antiques, qui n'ont aucun rapport historique avec cette idée principale, s'harmonisent cependant très-bien avec elle par les pensées sérieuses qu'elles font naître. Assise, bâtie sur le penchant d'une montagne, est tout environnée de murs démantelés et des tours du château fort qui les domine. Des bastions en ruine forment ses remparts ; et, sur la place, les colonnes d'un ancien monument romain servent maintenant de portique à l'église de Sainte-Marie de la Minerve. La façade de cet édifice est toute couverte d'épitaphes qu'on a détachées de ses souterrains. Ces avertissements de la mort sont exposés à l'endroit de la ville le plus fréquenté et le plus tumultueux, si le bruit du siècle venait jamais troubler cette paisible cité. Dans les rues, où l'on rencontre à chaque pas, des arcades, des maisons gothiques et des fresques à demi effacées, il semble que l'on parcoure les cloîtres d'un vaste monastère; tout y respire une pieuse tranquillité. A l'exception de quelques chants populaires qui réjouissent parfois, vers le soir, les voies publiques, Assise n'entend ordinairement que la psalmodie aérienne répétée par les cloches de ses nombreux couvents, ou bien le chant des oiseaux qui gazouillent dans ses jardins; leur doux ramage est souvent le seul bruit qui vient troubler son silence.

Au sein de la civilisation bruyante et tumultueuse de notre époque, c'est un véritable bonheur que de pouvoir se reposer de temps en temps dans une de ces cités qui s'ouvrent devant vous comme de pacifiques oasis. Séjours intermédiaires entre le bruit des villes et la quiétude des cloîtres, ils offrent des asiles propres à la méditation ; et ils conviennent merveilleusement à un état de société dans lequel les écrivains sérieux tiennent le milieu entre le savant du monastère et l'homme d'un monde frivole. Au moyen âge, il est vrai, on s'était quelquefois exagéré les avantages de la solitude dans les travaux intellectuels ; mais aujourd'hui on n'en tient plus assez compte. Dans le tumulte toujours croissant des opinions et des partis, dans ce tourbillon si rapide des affaires et des idées, on sacrifie trop souvent la puissance de la réflexion à la mobilité de la discussion de chaque jour. Il est bon, sans doute, je dirai plus, il est nécessaire que des hommes de cœur prennent poste au centre même du mouvement intellectuel, pour y accomplir la tâche du moment; mais, obligés qu'ils sont de dépenser tous les efforts de leur intelligence au service de ce devoir qui les entraîne sans cesse, ils n'ont pas le loisir d'approvisionner leur esprit de ces trésors qui produisent, par la réflexion, les plus fécondes idées. Dans l'ordre moral, comme dans l'ordre physique, la source des fleuves se cache dans des endroits obscurs et solitaires. C'est donc, nous le répétons, un avantage réel que de pouvoir consacrer quelques années, ou du moins quelques mois, à ces retraites fécondes, capables de suppléer, d'une certaine manière, à la vie méditative des cloîtres. Or, ce type de la solitude tout à la fois sévère et gracieuse, je le trouve dans cette ville d'Assise, si pleine de silence, de chefs-d'œuvre artistiques ; qui repose au sein de la plus riante contrée, et dont tous les monuments se rapportent à une seule tombe. Appelez-la, si vous le voulez, une cité funèbre, oui, mais funèbre à la manière de ces temples gothiques, dont la vue inspire à la conscience tranquille plus de sérénité que de tristesse.

Pour nous, dans les fatigues d'un trop court voyage, nous n'avons pu faire qu'une halte de quelques jours à l'ombre du tombeau patriarcal d'Assise ; mais leur souvenir nous est resté si profondément gravé dans l'âme, que nous sommes bien sûr de ne l'oublier jamais. Nous venions de quitter la pieuse ville de Lorette ; certes, les plus douces joies chrétiennes ne nous y avaient pas manqué. Accueilli par une amitié pleine de délicatesse, pendant plusieurs jours, nous avions pu célébrer les saints mystères dans la *Santa-Casa*. Plusieurs fois nous y avions prié en même temps que le Saint-Père, qui s'y trouvait alors en pèlerinage; nous avions assisté à sa messe, et nous avions obtenu, pour la seconde fois, de Sa Sainteté, une audience, dont la mémoire nous suivait comme un parfum délicieux. Et pourtant, quand nous entrâmes dans cette silencieuse ville d'Assise, quand nous en visitâmes les monuments, quand surtout un des bons conventuels du *Sacro-Convento* nous conduisit, pour la première fois, au tombeau de saint François, je ne sais quelle impression vive et nouvelle nous saisit ; à nous, qui avions déjà visité les grandes basiliques et les plus pieux sanctuaires de Rome et de toute l'Italie, il nous semblait que jamais nous n'avions rencontré de semblables souvenirs, et que jamais nous n'avions prié devant un tombeau plus émouvant.

La cité de saint François voit à ses pieds la belle plaine qui s'étend des hauteurs de Spolète à la montagne de Pérouse, et qui s'épanouit comme un immense jardin planté d'arbres. Dans l'antiquité, souvent les tombes étaient environnées de bosquets ; et l'on y rencontrait des emblèmes et des statues qui annonçaient une sépulture, et qui préparaient l'esprit du passant aux sentiments que sa vue devait lui inspirer. C'est ainsi que, dans le grand bosquet formé par la vallée d'Assise, on voit encore des monuments qui gardent l'entrée de cette cité sépulcrale : ce sont les couvents de Sainte-Marie des Anges et de Rivo-Torto, auxquels on peut ajouter, pour en compléter la signification, le petit couvent des Prisons de saint François, caché au milieu des buissons de la montagne. Les pauvres ermites qui vivaient en ces trois endroits, dans le courant du XIIIe siècle, correspondaient, chacun à leur manière, à l'une des trois vertus que l'immortel pinceau de Giotto a glorifiées, quelques années plus tard, sous la voûte de la basilique d'Assise. A Sainte-Marie des Anges, le souvenir de la chasteté de saint Francois, mise à l'épreuve des tentations, est demeuré attaché à une haie d'épines, qui est aujourd'hui un jardin de roses. Rivo-Torto, où il composa sa règle, rappelle spécialement la vertu d'obéissance qui lui sert de base. Le détachement absolu de toutes les choses du monde, la pauvreté volontaire, sont vivement exprimés dans les

Prisons de saint François. Ces trois couvents sont donc là comme des témoins irrécusables d'une des plus grandes victoires qui ait jamais été remportée sur la triple concupiscence de la chair, de l'orgueil et de l'égoïsme, ces éternels ennemis de la charité. C'est ainsi que l'on rencontre parfois, dans les relations des objets matériels avec les sujets moraux, certaines harmonies qui frappent l'âme, de la même manière que l'architecture frappe les yeux. Nous en avons un exemple dans ces monuments et ces souvenirs placés comme autant d'arcs de triomphe, le long des chemins qui conduisent au tombeau d'Assise, chef-d'œuvre de l'art chrétien.

Rivo-Torto, Notre-Dame des Anges et les Prisons, voilà les trois pèlerinages qu'il faut faire, voilà les trois endroits qu'il faut étudier, pour retrouver les traces les plus vives de saint François d'Assise.

Rivo-Torto est ainsi appelé d'un petit ruisseau qui coule tortueusement à quelque distance de là. Quelques pauvres cellules y servirent d'abri à saint François et à ses premiers disciples, lorsqu'ils commencèrent leur association. Ces cellules subsistent encore. Après la mort de saint François des Frères Mineurs bâtirent à côté un couvent et une belle église. Malheureusement le dernier tremblement de terre de 1854 les a complétement détruits : ce n'est plus qu'une grande ruine.

En 1857, je visitais ces tristes débris, je parcourais ces cloîtres, ces salles, cette église qui n'étaient plus indiqués que par des pans de murailles lézardées et que le moindre ébranlement pouvait jeter à terre. Je cherchais, avec une douloureuse anxiété, ce qui pouvait demeurer des cellules primitives ; et je ne voyais que des ruines. Tout à coup, au fond d'un jardin abandonné, j'aperçus un vieux franciscain qui sortait d'une salle écroulée, et qui se dirigeait vers moi, le capuchon sur la tête, comme une ombre au milieu des ruines. — « Vous cherchez la cellule de saint François, sans doute, me dit-il avec un sourire plein de mélancolie ; suivez-moi. » — Je le suivis, et après avoir traversé une partie de ce qui avait été l'ancien couvent, tout près de l'église, le bon religieux ouvrit une petite porte, et nous nous trouvâmes en face de deux cellules très-anciennes, mais dans un état parfait de conservation. — « Voilà ce que vous cherchiez, me dit le franciscain, avec un certain air de triomphe ; voilà le premier couvent de notre Père saint François. Dieu a renversé tout ce que nos mains avaient construit à l'entour, mais il a épargné la petite demeure de son serviteur. Sans doute, il la trouvait trop cachée au milieu de ces grandes constructions qui l'effaçaient ; il a soufflé dessus, et il n'est plus resté que ces petites cellules de saint François, pour nous rappeler, à nous ses enfants, la pauvreté et l'abnégation de nos premiers pères. »

En effet, c'était vraiment une sorte de prodige que j'avais là sous les yeux. Dans ce tremblement de terre qui n'a rien respecté de tout ce qui les entourait, comment expliquer que ces vieilles cellules franciscaines soient demeurées intactes ? On a bien fait de les transformer en oratoires. Malgré la pauvreté, je dirai presque la grossièreté de leur ameublement, on sent qu'on est là dans un lieu vénérable ; on tombe à genoux comme tout naturellement, et l'on bénit Dieu dans son âme d'avoir ainsi glorifié la sainte pauvreté, jusque dans les bouleversements et la destruction de la nature.

Après Rivo-Torto, en remontant vers Assise, le pèlerin découvre, au milieu de la plaine, une magnifique église et un vaste monastère, dont les proportions grandioses et pures rappellent Bramante et Vignole. C'est Notre-Dame des Anges ; non plus humble et pauvre, mais revêtue d'un manteau de reine. Sous le grand dôme on retrouve la merveilleuse, la chère Portioncule encore toute parfumée du souvenir de saint François. C'est là où il a prié, où il a pleuré, où il a reçu de Dieu la grâce de fonder un grand Ordre dans l'Église. En vérité, ce lieu est saint ! Voyons ce qu'il conserve de ses anciens monuments.

Notre-Dame des Anges est une des églises que saint François avait fait réparer. Ottavio rapporte qu'en 352 quatre saints ermites de Palestine, s'étant établis près d'Assise, y bâtirent une chapelle qui fut nommée Sainte-Marie de Josaphat, parce qu'ils y mirent une relique du sépulcre de la sainte Vierge. Dans le sixième siècle, on la donna aux religieux de saint Benoît, qui la firent plus solide et moins petite. Saint Bonaventure dit que depuis elle fut appelée Sainte-Marie des Anges, à cause des fréquentes apparitions qu'y faisaient les bienheureux esprits. Elle avait aussi le nom de Portioncule, qu'elle porte encore maintenant, parce que les Bénédictins du mont Soubaze, à qui elle appartenait, possédaient aux environs quelques portions de terre. C'était une église que saint François avait choisie pour sa demeure, et c'est pour elle qu'il obtint de Jésus-Christ la fameuse indulgence de la Portioncule, qui fut ratifiée par le pape Honorius III, reconnue, confirmée et étendue par ses successeurs, à toutes les églises de l'Ordre des Frères Mineurs [1].

La petite chapelle de la Portioncule est renfermée sous le dôme de la grande basilique de Notre-Dame des Anges, comme la Santa-Casa de la basilique de Lorette ; mais la

<hr>

[1]. Voyez, à la fin de la *Vie de saint François*, du P. Chalippe, les *Éclaircissements sur l'indulgence de la Portioncule*. — Ottavio...

Portioncule présente quelque chose de plus saisissant au
premier aspect, malgré l'infériorité des souvenirs qui s'y
rattachent. Au lieu de ce magnifique revêtement de marbre
et de sculptures qui recouvre entièrement l'extérieur de la
Santa-Casa de Lorette, la Portioncule est demeurée toute
nue avec ses murs antiques et grossiers. Je ne sais quel
parfum de sainte pauvreté s'exhale de cette chapelle vénérable. Le pavé de l'intérieur est littéralement usé par les
genoux des pieux fidèles, et leurs baisers répétés et brû-
lants ont laissé leurs empreintes sur les murailles. Là,
comme à la Santa-Casa, nous nous trouvions au milieu de
pèlerins dont la prière était des soupirs et des larmes.
Comme l'âme se sent délicieusement remuée au contact de
tant de foi, de tant d'amour, et en présence des touchants
souvenirs de la Portioncule !

Le même prodige de conservation que nous avons cons-
taté aux cellules de Rivo-Torto se retrouve à la chapelle
de la Portioncule. Deux fois la terre a violemment tremblé
autour d'elle, en 1832 et en 1854 ; deux fois la grande
basilique qui l'environne a été ébranlée et ses voûtes ont
dû être relevées à grands frais ; la Portioncule est demeurée intacte avec ses vieux murs de plus de sept siècles.
Aujourd'hui des peintures magnifiques glorifient sa pauvreté ; mais la fresque d'Owerbeck est celle qui frappe
plus vivement : la vision de saint François y est exprimée
avec une foi et une simplicité qui font penser à Giotto et
à Cimabüe.

A droite de la Portioncule, dans l'intérieur de la basilique, se trouve la petite cellule dans laquelle saint
François rendit son âme à Dieu. C'est là qu'il voulut être
déposé sur la terre nue, et que Frère Léon et Frère Ange
chantèrent en chœur, à ses derniers moments, le cantique
du Soleil et de sa sœur la Mort. Cette cellule a été con-

vertie en oratoire, et on y voit un des plus anciens portraits de saint François.

Tout près de l'église, dans l'intérieur du couvent, on retrouve encore deux souvenirs bien touchants de la vie de saint François. Le premier est une espèce de cave, une vraie prison souterraine, dans laquelle François se retirait pour se livrer plus librement à ses rudes pratiques de mortification qui, plus tard, au moment de sa mort, lui faisaient demander pardon à son corps de tant de mauvais traitements. Après saint François, bien des imitateurs de sa sainteté sont venus se mortifier ici, à l'exemple de leur Père ; aussi ce lieu est saint, des inscriptions vous le rappellent, et le Frère Mineur qui vous introduit ne manque pas de s'agenouiller là comme dans un temple.

Dans un petit jardin voisin, je fus conduit vers un massif de rosiers dont les roses blanches s'épanouissaient gracieusement au soleil. Au temps où vivait François, c'étaient de rudes épines qui couvraient ce sol ; un jour, le saint alla s'y rouler nu, pour dompter la violence d'une tentation qui l'obsédait. La tentation fut vaincue, et l'attouchement de ces membres sanctifiés par la mortification changea les épines en branches de rosiers. Touchante transformation qui s'est perpétuée jusqu'à nos jours, et qui nous a permis d'emporter, comme souvenir de pèlerinage, une branche des rosiers de saint François d'Assise !

Plus tard, dans un autre pèlerinage, à Subiaco, aux environs de Rome, nous avons retrouvé un autre souvenir de saint François, qui nous rappela les rosiers de Notre-Dame des Anges. Le saint Patriarche était allé vénérer les lieux sanctifiés par la vie et les prodiges de saint Benoît. On lui montra, dans un jardin, les buissons d'épines au milieu desquels le saint Pénitent amortissait le feu de ses tentations. Un jour, saint François se mit en prière en cet

: ιdroit, fit le signe de la croix sur les buissons d'épines ; et ils furent, à l'instant, transformés en rosiers, qui se sont propagés jusqu'à présent. Nous dirons plus loin, dans notre Introduction aux Fioretti, comment s'explique cette merveilleuse puissance de saint François sur la nature : le sens vraiment chrétien n'éprouve aucune difficulté dans la perception de ces prodiges.

Nous avons visité à Venise, les Plombs et les Puits, ces terribles cachots du palais ducal. En vérité, les prisonniers d'État qu'on y tenait enfermés devaient y souffrir une cruelle torture ; et cependant, on a beaucoup exagéré l'horreur de ces sombres prisons. Ce qui nous a plus vivement impressionné encore, à Assise, ce sont ces cellules, ou plutôt ces grottes cellulaires creusées dans les entrailles des rochers, ou formées par leurs déchirures naturelles, qui servirent d'habitation à saint François et à ses premiers disciples. Ils appelaient Couvents l'ensemble de ces cellules abruptes ; plus tard, on leur donna le nom plus juste de Prisons. Nous les appellerions plus volontiers encore les Cavernes de saint François.

Le saint Patriarche avait visité, à Subiaco, ces cavernes sauvages, ces nids d'aigles aux flancs des rochers, où saint Benoît et ses compagnons s'étaient abrités entre le ciel et la terre ; et, de retour à Assise, il s'en était allé parcourant les hautes montagnes qui la couronnent ; il y avait trouvé des repaires abandonnés et silencieux, et ce fut l'endroit qu'il choisit pour venir quelquefois se retremper, loin du monde, dans une solitude qu'aucun bruit humain ne pût troubler. Les anachorètes des premiers siècles chrétiens eussent été jaloux de ces abris sauvages. Maintenant encore, on les voit, ces Prisons, telles qu'elles étaient au temps de saint François ; les siècles ne pourront rien contre le granit qui les forme. Vous entrez dans une

de ces tanières que rien ne ferme ; vous y trouvez des
parois nues et rudes. Quelque arête de rocher, un banc
de granit y servaient tout à la fois de siége, de table et
d'oreiller ; et voilà tout l'ameublement de ces cellules
franciscaines. En descendant la montagne escarpée qui
conduit aux Prisons, nous comparions entre elles, la vie
de ces anges de la terre qui y demeuraient, et celle de tant
de pécheurs qui ne recherchent ici-bas que la satisfaction
de leurs sens ; et la pensée du suprême jugement nous faisait frissonner.

Et entrant dans Assise par la route de Foligno, nous
nous arrêtâmes un instant devant sa porte monumentale.
Dans le lointain, au fond de la vallée qu'elle domine, nous
apercevions la ville de Spolète dont les maisons blanchis-
saient au soleil. Nous pouvions même distinguer, sur la
route d'Assise, une porte historique, dont nous avions lu,
quelques jours auparavant, la glorieuse inscription. Vivement repoussé par les habitants de ce municipe romain,
Annibal a laissé, sur cette porte, le souvenir mémorable
de sa fuite. Voici cette inscription :

HANNIBAL  
CŒSIS AD TRASIMENUM ROMANIS  
URBEM ROMAM INFENSO AGMINE PETENS  
SPOLETO  
MAGNA SUORUM CLADE REPULSUS  
INSIGNI FUGA PORTÆ NOMEN FECIT.

Assise, elle, a choisi, pour sa porte principale, une inscription étrangère à toute idée mondaine ; c'est comme
une voix du ciel. On y a gravé les paroles de la dernière
bénédiction qui lui fut donnée par saint François. Avant
d'arriver à Sainte-Marie des Anges, où ses disciples le
transportaient, le saint Patriarche, aveugle et mourant, se
fit tourner vers sa chère cité, et il lui dit : « O cité chérie !

soyez bénie du Seigneur parce que beaucoup d'âmes seront sauvées en vous et par vous. Un grand nombre de serviteurs du Très-Haut demeureront dans l'enceinte de vos murailles, et plusieurs de vos citoyens seront choisis pour la vie éternelle. »

> « Benedicta tu civitas a Domino
> Quia per te multæ animæ salvabuntur
> Et in te multi servi Altissimi habitabunt
> Et de te multi eligentur ad regnum æternum. »

Les rues d'Assise, avec leurs fresques antiques, annoncent la présence de l'église sépulcrale par les souvenirs qu'elles rappellent. Quel que soit le sujet particulier de ces peintures, on voit qu'elles sont là toutes à l'occasion du tombeau de saint François, et que ce monument a toujours été le centre auquel se sont attachés tous les artistes d'Assise. Cimabüe et Giotto, ces deux aigles de la peinture, s'étaient posés sur cette humble tombe ; et, derrière eux, de nombreux élèves se rendirent successivement et se pressèrent sur ce point où leurs illustres maîtres avaient fixé leur vol. Ceux-ci avaient réservé pour eux-mêmes les murailles de la basilique, leurs disciples s'attachèrent à l'embellissement des rues de la ville.

Douze couvents d'hommes et de femmes, appartenant aux quatre branches de la grande famille franciscaine, s'élèvent comme autant de tentes à l'ombre de la basilique et près du pavillon patriarcal sous lequel repose leur Père. Dans plusieurs de ces couvents et dans quelques autres édifices, des monuments, sanctifiés par ses vertus, présentent encore les traces vives de sa mémoire. La maison paternelle de saint François est devenue l'église neuve. Ses cinq coupoles, à l'imitation des églises grecques, forment une exception architecturale qui ne se retrouve dans aucune

autre église d'Assise. Elles ont été construites en mémoire
des cinq Stigmates de saint François. Cette église conserve
encore quelques murailles de l'ancienne maison. Tout près
de là, nous avons visité la chambre, ou plutôt l'étable
dans laquelle naquit le bienheureux [1]. La cathédrale,
construite quelques années avant sa naissance par Jean de
Gubbio, a subi à l'intérieur, dans le courant du XVIIe siècle,
une malheureuse transformation, si l'on en juge par
les arabesques de la façade. Telle qu'elle est cependant,
elle conserve encore un souvenir de saint François. Ce
sont les fonts baptismaux sur lesquels il fut régénéré : sa
mémoire a protégé ce monument antique [2]. A Sainte-Claire,
à Saint-Damien et à l'Église-Neuve, on retrouve aussi,
d'abord le Crucifix si célèbre dans l'histoire du serviteur de
Dieu [3] ; puis la cassette dans laquelle il jetait l'argent qu'on
lui apportait pour la réparation de l'église de Saint-Damien,
et enfin la prison dans laquelle il fut enfermé par son père [4].
On voit encore, à l'évêché, la salle où il put enfin s'affran-
chir des persécutions paternelles ; c'est là, qu'en présence
de l'évêque, il se dépouilla de ses vêtements, en déclarant
qu'il renonçait à tout héritage, et que Dieu seul serait désormais son Père [5]. Dans la chapelle de la Portioncule, à
Sainte-Marie des Anges, Dieu ratifia, en l'appelant à la
pauvreté apostolique, la détermination que saint François
avait prise dans la salle de l'évêché. Or, tous ces faits et
ces souvenirs appartiennent à la première période de sa vie.
Mais, à partir du point où nous en sommes, à la Portioncule,
entre les faits de la jeunesse du saint Patriarche et ceux

1. Voyez, page 35, la 1re Note.
2. Voyez, page 35, la 2e Note.
3. Voyez, page 35, la 3e Note.
4. Voyez, page 36, la 4e Note.
5. Voyez, page 36, la 5e Note.

de sa virilité, sa mémoire s'éclipse presque entièrement dans les monuments d'Assise. C'est qu'on est arrivé à cette grande époque de sa vie, pendant laquelle il chercha si persévéramment à se dérober à la connaissance du monde. Mais quand on approche du terme de cette sainte vie, c'est alors que les monuments reparaissent. Le trésor de la basilique possède plusieurs pièces des vêtements que saint François portait dans ses dernières années ; et nous y avons remarqué surtout la bénédiction qu'il écrivit sur le mont Alverne, pour le Frère Léon, et qu'il signa de la lettre T[1]. Au monastère de sainte Claire, on conserve des vêtements travaillés de ses mains pour son Père séraphique et des linges imbibés du sang de ses Stigmates. Un hôpital rappelle encore l'ancien Spedalicchio, ce petit hospice près duquel saint François se fit tourner vers la ville d'Assise, pour la bénir une dernière fois. A Sainte-Marie des Anges, à côté de la chapelle où le saint Patriarche s'était dépouillé de tous ses biens, nous l'avons dit, le pèlerin s'agenouille dans la cellule d'où son âme s'est envolée vers le ciel.

Beaucoup d'hommes, à notre époque, ne comprennent pas le sentiment avec lequel la piété chrétienne suit jusqu'aux moindres vestiges de la vie de saint François d'Assise. Cependant, alors même qu'ils ne l'apprécieraient que selon la mesure de leurs idées purement naturelles, il semble qu'ils devraient encore trouver que cet homme a été vraiment grand dans ses œuvres. La simple bienfaisance, l'esprit d'association, le culte des arts, devraient au moins trouver grâce devant eux. Cet homme que personne n'a jamais surpassé dans son zèle à secourir les souffrances du pauvre ; cet homme qui a remué le monde avec les Ordres

1. Un *Fac-simile* d'une ressemblance parfaite est quelquefois offert au pèlerin comme souvenir de ce précieux autographe : nous avons la satisfaction de le posséder.

religieux dont il fut le fondateur ; cet homme enfin, qui, du fond de sa tombe, a fait surgir tant de chefs-d'œuvre artistiques qui célèbrent à l'envi sa glorieuse mémoire, comment ne pas le saluer au moins comme un homme merveilleux ?

L'idée fondamentale de saint François d'Assise est une des plus nobles pensées qui soit jamais venue à l'esprit d'un homme. Cette pauvreté volontaire et toujours laborieuse dont il était épris, une distance infinie la sépare du vice social de la mendicité désœuvrée. Saint François et ses compagnons disaient aux peuples : « Nous venons vers vous comme vos auxiliaires et vos amis. A vous notre temps, nos travaux, notre amour et tous nos services. Mais, vous le savez, l'ouvrier convient d'un prix avant d'engager son travail ; c'est la condition préliminaire ; et, s'il le souhaite, on la rédige en contrat formel, et le représentant de la loi y appose son sceau. Or, voici nos conditions, à nous : Notre salaire, ce sera la joie de vous faire du bien ; votre charité en sera le contrat, et c'est Dieu lui-même qui ratifiera la légalité de cet acte. » Evidemment, ces conditions étaient encore plus avantageuses pour le peuple qui pouvait s'y fier que pour les hommes apostoliques qui voulaient bien s'en contenter.

Trois principes divers caractérisent les relations sociales et servent à mesurer jusqu'à quel point elles se rapprochent ou s'éloignent du type idéal de cette fraternité parfaite que la foi nous montre dans le ciel. La violence d'abord, qui doit armer parfois le bras de la justice ; la justice elle-même, qui détermine rigoureusement les inflexibles exigences du droit ; et enfin un troisième principe qui n'invoque ni la force ni la justice, et c'est la charité gratuite qui offre ses services à la charité libre. Disons-le, un siècle dont les opinions seraient incompatibles avec toute institution basée sur ce principe renoncerait, par là même, à toute dignité, à toute grandeur dans sa constitution. Il ne ferait plus que prouver une seule chose, c'est qu'il serait tombé trop bas dans l'égoïsme pour s'élever jamais jusqu'à la noblesse dans les idées et les principes.

Ces considérations se présentent naturellement sur mon chemin, et je les recueille ; mais grâces à Dieu, je n'ai pas du tout besoin de l'approbation de la philosophie, pour continuer mon pèlerinage jusqu'à la tombe du pauvre d'Assise. Le principal gardien de ce tombeau, c'est le vaste couvent qui touche à l'église patriarcale, et que l'on appelle le Sacro-Convento, parce qu'il a été bénit et consacré à la manière des basiliques. Les arcades qui lui servent de portique, le long de sa principale façade, donnent à cet édifice plutôt la physionomie d'une église que d'une habitation claustrale. Dans l'intérieur, les corridors du cloître, la salle de l'ancien Chapitre, les réfectoires, les chambres des étrangers et l'appartement papal, furent jadis ornés de peintures remarquables ; mais le temps les a considérablement endommagées. Les portraits des généraux de l'Ordre, et quelques belles têtes de bienheureux, les fils de saint François, forment là comme un magnifique cortége à leur saint Fondateur. On serait tenté de croire du Sacro-Convento que c'est la sacristie de la basilique [1].

Pour bien se rendre compte de la pensée générale de cette basilique, il faut se rappeler d'abord que l'architecture, la peinture et la musique, ne sont, en réalité, que les formes variées de la poésie qu'elles expriment par des lignes, des couleurs et des sons. La poésie est l'art par excellence, la mère, ou du moins, la sœur aînée des trois autres. Le plus souvent, en effet, c'est elle qui se manifeste

1. Voyez, page 36, la 6ᵉ Note.

la première dans sa forme propre, et les autres ne font que marcher à sa suite. Quelquefois cependant, elle commence par se révéler sous la forme d'une mélodie, d'un tableau, d'un monument, pour se transformer plus tard en ode ou en épopée. Toute grande conception poétique éveille et provoque inévitablement des œuvres qui la reproduisent à leur manière, dans le domaine des autres arts ; et tout grand travail qui en est l'expression finit aussi par inspirer quelque création poétique qui lui corresponde. Toujours ces conceptions sont les avant-coureurs ou les compléments réciproques les uns des autres.

L'architecture a eu la première part dans la glorification du héros d'Assise. Il était mort en 1226 ; et déjà, en 1230, la basilique s'élevait sous la direction de l'Allemand Giacomo, architecte de réputation que le *Frère Élie* avait demandé à l'empereur d'Allemagne. Cette basilique se compose de deux églises superposées : et l'observateur saisit bien vite le contraste que l'architecte a voulu produire. Le souvenir et, pour ainsi dire, l'image de l'abnégation de saint François s'y harmonisent merveilleusement avec l'expression de sa gloire céleste. L'église inférieure est triste et sombre ; la seconde est éblouissante de lumière. La première vous fait venir les larmes aux yeux ; la seconde vous réjouit le cœur. L'une rappelle la pénitence et la vie mortifiée du séraphique Patriarche ; l'autre nous le fait entrevoir glorieux et couronné dans le séjour des cieux.

L'idée de la pénitence terrestre, avec son cortége de sacrifices volontaires et de souffrances résignées ; l'idée d'une immortelle et glorieuse transfiguration ; tel est, en général, le double aspect chrétien que l'architecture doit s'efforcer de reproduire, pour exprimer la structure de ce temple dont Dieu lui-même a posé les fondements. Pour cela, le génie chrétien a conçu deux systèmes d'édifices religieux, qui ont chacun leur racine dans l'essence même du Christianisme. Le premier se rapporte plus particulièrement, dans ses traits principaux, à cette douce tristesse, à cette espérance plaintive, qui donne à la prière son plus fécond élément. L'autre exprime plus vivement ces joies ineffables, que la prière connaît aussi, ces bienheureuses extases que les saints éprouvent quelquefois sur la terre et dans lesquelles ils trouvent un avant-goût du ciel. La difficulté d'exprimer simultanément cette double idée, dans l'ordonnance générale d'un édifice, constitue un des problèmes fondamentaux de l'architecture chrétienne. Or, telle est la difficulté qu'on s'est efforcé de résoudre dans la basilique d'Assise ; et l'on y est parvenu en construisant une église à deux étages, qui correspondent à cette double conception, par leur situation respective et par les caractères particuliers qui s'y trouvent exprimés. Un auteur italien incline à reconnaître un effet surnaturel de la divine Providence dans la création d'un temple si merveilleusement ordonné ; il doute qu'on puisse l'expliquer autrement dans des siècles qui commençaient à peine à sortir des ténèbres de l'ignorance et de la barbarie. Cependant, quand surtout nous nous rappelons que ces siècles trop dépréciés ont su produire d'ailleurs Cimabüe, Giotto et Dante, il nous paraît bien plus logique de ne voir dans ce monument que la production simple et naturelle d'une époque de foi et de poésie. Tout le merveilleux était dans le génie de ses artistes et de ses poètes. Ce serait bien plutôt un miracle de voir s'élever un monument de ce genre, au XVIII⁰ siècle par exemple, avec les idées qui régnaient alors sur l'art, ou plutôt contre l'art chrétien. Mais le XVIII⁰ siècle ne se piquait pas de mysticisme, et il avait trop d'esprit pour glorifier Dieu par un tel acte de foi.

L'architecture avait fourni sa part de travail à la tombe

de saint François. A son tour, et avec plus d'amour encore, la peinture se présenta, et elle couvrit de ses fresques merveilleuses les murs, les arcs et les voûtes des deux basiliques. Malheureusement, ces parois illustrées par le pinceau des Cimabüe, des Giotto et des Buffalmaco, sont aujourd'hui, en grande partie, délabrées. Sous le règne de fausses idées, en fait d'art, le dédain et l'oubli avaient jeté sur ces peintures une poussière encore plus funeste que celle du temps ; et l'ancien génie chrétien, méconnu, humilié, repoussé, fut traité, pour ainsi dire, comme un mendiant de la basilique d'Assise. Aujourd'hui cependant, on commence à lui rendre justice : il a trouvé des amis, des courtisans, et même de glorieux vassaux. Owerbeck lui a déjà offert un premier tribut de son génie ; mais il ne l'a point placé dans la basilique du Sacro-Convento, ce temple qui n'est beau que des peintures des anciens maîtres ; c'est à l'Église de Sainte-Marie des Anges qu'il s'est arrêté. Il a déposé là son tribut, comme une de ces modestes offrandes que l'on présente au seuil des palais, mais qui méritent cependant l'honneur des plus belles salles [1].

Je n'ai ni le temps ni le droit de parler longuement des peintures d'Assise, après *les* savantes études qui ont été faites sur ce sujet. Cependant, je ne puis passer sous silence les quatre fresques de Giotto, qui représentent les vertus et le triomphe de saint François, et qui sont disposées en forme de couronne au-dessus de sa tombe. Il est admirable de voir avec quelle vigueur de sentiment chrétien l'artiste a traité son sujet. Suivant sa conception, les quatre principales vertus de saint François sont les préliminaires de son triomphe, et le pinceau devait les représenter hardiment sous le caractère qui effraie le plus la faiblesse hu-

1. Voyez, page 37, la 7ᵉ Note.

maine. La Chasteté est donc là retirée dans une forteresse, sous la protection de gens armés. La Pénitence précipite dans de profonds abîmes l'amour impur et la mort. L'Obéissance reçoit le joug imposé à l'orgueil comme à un animal furieux. Dans le mariage de saint François avec la Pauvreté, celle-ci est couverte d'épines de la tête aux pieds; un chien aboie après elle, et un misérable lui jette des pierres.

Dans les siècles de foi, quand il s'agissait de productions artistiques, le sentiment public acceptait comme bien naturel ce contraste de l'abnégation chrétienne avec le triomphe qui l'attend. Mais aujourd'hui, on ne comprend plus ce langage, ou du moins l'affaiblissement des croyances et des mœurs demande qu'on le présente sous une forme adoucie. Il faut bien le reconnaître, cette disposition générale contribue singulièrement à égarer les artistes, lorsqu'ils traitent des sujets chrétiens sans être guidés par le flambeau de la foi. Il leur est trop difficile de trouver en eux-mêmes une puissance qui les défende contre la tentation de flatter les fausses délicatesses du siècle, pour en obtenir les suffrages. Oui, l'art religieux de notre époque se fait bientôt courtisan et esclave, s'il ne se retranche pas dans une conscience sévère ; et il est fort exposé à donner dans le travers, lorsqu'il n'a point puisé ses inspirations au pied de la croix. Il y a des temps où le danger devient plus imminent que jamais ; c'est un abîme qui s'entr'ouvre alors sous les pieds de l'artiste, et son art ne peut y échappper qu'à la condition de devenir une vertu. La méditation sérieuse de ce grave sujet serait une étude bien fructueuse pour ceux qui cultivent les arts ; et vraiment je ne connais pas une retraite plus propre à cette méditation que la ville d'Assise avec son silence et sa paix, et que la basilique patriarcale avec ses magnifiques peintures.

Les peintres qui font le pèlerinage d'Assise peuvent

aussi s'inspirer aux chants religieux qu'ils y entendent. En général, il nous semble que la musique est d'une intelligence plus facile pour le peintre que la peinture ne l'est pour le musicien. La musique, en effet, est une parole poétique, comme la peinture est une écriture illustrée; or la faculté du langage est plus naturelle que celle de l'écriture. Quoi qu'il en soit, les chants de la basilique d'Assise font mieux comprendre ses peintures. C'est un bonheur, sous ce rapport, que les papes lui aient conféré le titre de basilique patriarcale. Ce privilége l'oblige à l'entretien d'une chapelle et d'un chœur de musiciens, comme les grandes basiliques de Rome, Saint-Jean de Latran, Saint-Pierre et Sainte-Marie Majeure. La musique journalière du matin et du soir est plus solennelle et mieux exécutée, à la basilique franciscaine, qu'elle ne l'est dans un grand nombre de nos cathédrales, aux jours des plus grandes fêtes. Aux plus simples offices, le samedi surtout, à l'office ordinaire qu'on célèbre en mémoire de la mort de saint François, la musique prend un caractère antique merveilleusement en harmonie avec celui de la basilique. Nulle part ailleurs, nous n'avions entendu des accents plus suaves et plus touchants. Ce n'était pas assez que l'architecture eût donné à saint François sa basilique patriarcale et que la peinture se fût chargée de perpétuer son éloge funèbre ; la musique, elle aussi, devait répéter harmonieusement son dernier soupir à toutes les générations.

Ces trois arts avaient déjà rendu leurs hommages à la mémoire de saint François, quand la Poésie lui érigea son monument dans le Paradis du Dante. C'est là que son image vénérable se trouve reproduite dans les vers les plus gracieux. L'idée du mariage de saint François avec la Pauvreté est encore plus délicieusement exprimée dans la description du poète que dans les peintures de Giotto, son

ami. La musique si douce de l'office de saint François n'a
pas plus de suavité que les quelques vers du Dante sur la
mort séraphique du saint Patriarche. Tout ce passage de
son poème, ou du moins les vers qui lui servent de pré-
lude, seraient une épigraphe magnifique et digne d'être
gravée au fronton de la basilique.

> Intra Tupino e l'acqua che discende
> Dal colle eletto dal beato Ubaldo,
> Fertile costa d'alto monte pende.
> Onde Perugia sente freddo e caldo
>
> Da porta sole, e dietro le pianghe
> Per grave giogo Nocera con Gualdo.
> Di quella costa là dov'ella frange
> Più sua ratezza, nacque al mondo un sole
>
> Come fa questo talvolta di Gange.
> Però chi d'esso loco fa parole
> Non dica Ascesi, che direbbe corto.
> Ma Oriente, se proprio dir vuole.

« Entre le Tupino et la rivière qui s'écoule de la colline
choisie par le bienheureux Ubald, descend d'une haute
montagne une côte fertile.

« A l'endroit d'où Pérouse reçoit le froid et le chaud par
la porte du soleil, et sur l'autre revers pleurent sous un
joug pesant Nocéra et Gualdo.

« Au point où cette côte adoucit sa pente, naquit au
monde un soleil comme celui-ci sort du Gange.

« Et que ceux qui veulent parler de ce lieu ne l'appellent
point Assise, car ce nom ne dirait pas assez ; mais il fau-
drait l'appeler Orient. » Paradis, chap. XI [1].

En lisant ces lignes dans le texte original, on croit entendre l'écho des cris joyeux et populaires au milieu desquels fut élevée la basilique d'Assise. L'ancien nom de la

----

1. Voyez, pages 38 et 39, les strophes suivantes.

colline sur laquelle elle fut construite changea bientôt :
c'était la *Colline de l'Enfer* ; elle fut appelée la *Colline du
Paradis*. Les infâmes gibets furent remplacés par des chefs-
d'œuvre de sculpture. Au lieu des cris sinistres des suppli-
ciés, on entendit les plus douces mélodies ; et le bourreau
fit place au Génie, à genoux aux pieds de la Sainteté. Non,
il n'y a point dans le monde un coin de terre qui ait subi,
dans l'espace de deux ou trois ans, une semblable transformation.

La tombe à laquelle on doit rapporter tous ces change-
ments se trouve sous le grand autel, au lieu même qui fut
choisi par saint François d'Assise. Aussitôt après sa mort,
son corps avait été déposé dans l'église de Saint-Georges,
aujourd'hui le tombeau de sainte Claire [1] ; et il y demeura
jusqu'à l'achèvement de la grande basilique que le Frère
Élie faisait construire. Les travaux furent poussés avec
tant d'activité, qu'au bout de trois ans, l'église fut disposée
pour la cérémonie de la translation solennelle. L'enthousiasme populaire qui se manifesta dans cette circonstance
donna lieu à un incident qui servit de prétexte pour
jeter quelques doutes à l'endroit de la tombe de saint
François. Une foule de peuple était venue de tous les pays
voisins, et la multitude augmenta au point qu'elle dut s'é-
tablir au milieu des champs, faute de logements pour la
recevoir en ville. Deux mille Frères Mineurs étaient arrivés
de toutes les Provinces, et l'on put vraiment craindre que
l'enthousiasme ne portât cette foule immense à quelque
pieuse exagération.

Cependant le saint corps fut levé de terre, au bruit des
trompettes et des acclamations du peuple, et porté par les
trois légats du Pape et Frère Élie, sur un char merveilleu-

1. Voyez, pages 39, 40 et 41, la 9ᵉ Note.

sement décoré et traîné par des bœufs couverts de capara-
çons d'écarlate. Les Frères Mineurs marchaient sur deux
longues files, portant des palmes et des flambeaux. Les
magistrats, suivis d'une troupe de citoyens armés, fer-
maient la marche, et comprimaient les flots du peuple qui
se pressait de toutes parts. Arrivés à la Colline du Paradis,
les habitants d'Assise virent un mouvement qui leur fit
craindre qu'on ne voulût enlever leur trésor. Aussitôt, ils se précipitèrent sur le char, s'emparèrent violemment du saint corps, entrèrent dans l'église, fermèrent les
portes, et placèrent le dépôt sacré dans le lieu qui avait
été choisi, sans qu'il fût permis aux prêtres, aux frères et au
peuple de lui rendre aucun honneur. Le Pape Grégoire IX,
informé de ce grave désordre, en fut douloureusement
irrité. Il en écrivit aux évêques de Pérouse et de Spolète,
et reprocha très-amèrement aux habitants d'Assise d'avoir
osé porter leurs mains sacriléges et profanes sur les reliques
sacrées du saint Patriarche. Évidemment ces reproches
témoignaient seulement que les Assisains s'étaient em-
parés de force du corps de saint François, afin de le sous-
traire au dangereux empressement de la multitude. Mais
on abusa de cette plainte du Pape, et l'on en conclut que
les habitants d'Assise, au lieu de déposer le corps saint
dans la tombe qui lui était destinée, auraient bien pu le
cacher dans quelque endroit secret, pour s'en assurer la
possession exclusive et perpétuelle. A l'appui de ce doute,
on alléguait aussi le mystère avec lequel on avait procédé
à l'inhumation ; et si ces soupçons avaient prévalu, saint
François aurait dû l'obscurité qu'il avait tant souhaitée
pour sa sépulture aux précautions mêmes qui avaient été
suggérées par la popularité de sa gloire. Mais cette pré-
tendue incertitude n'avait aucun fondement sérieux. Les
témoignages contemporains, les récits des historiens, les

Rescrits et les Bulles des Papes, certifiaient que la dépouille mortelle de saint François reposait dans la grande
basilique d'Assise. Et toutefois, il y avait toujours des
contradicteurs, lorsque, en 1818, le Supérieur général des
Conventuels, voulant mettre fin à cette polémique funèbre,
résolut de faire exécuter des fouilles pour reconnaître
authentiquement la tombe de saint François.

Il ne pouvait y avoir de doute relativement à l'endroit
où il fallait commencer les travaux ; car, d'abord, une tradition du couvent attestait qu'un souterrain existait sous le
grand autel. Une inscription, toute postérieure qu'elle
était au XIII⁰ siècle, fournissait un autre indice qui n'était
pas suspect. Sur un des marbres de l'autel on lisait ces
mots : *Sepulchrum gloriosum.* Les anciennes peintures
fournissaient aussi leur preuve. Il y avait dans la basilique
un tableau du célèbre Giunta de Pise, l'ami de saint François, qui était le plus ancien portrait connu du Patriarche
séraphique. Or, sur un des compartiments de ce tableau,
que l'on conserve encore à la basilique, on voyait l'autel
provisoire de bois, qui avait été disposé pour la solennité
de la translation, en attendant l'autel de marbre construit
quelques années plus tard. Auprès de cet autel, des Frères
Mineurs priaient, des lampes brûlaient, et des miracles
étaient opérés. Sans aucun doute, cette peinture se rap-
portait à quelque fait relatif à saint François d'Assise, et
elle s'expliquait tout naturellement par la présence même
de sa tombe sous cet autel. Le fait était donc d'une noto-
riété publique. Les fresques de Giotto représentant le
triomphe d saint François , au‑dessus du grand autel
parlaient dans le même sens. D'un autre côté, les règle-
ments ecclésiastiques mettaient, pour ainsi dire, le sceau
à ces témoignages de la peinture. On sait, en effet, que
lorsqu'une basilique possède le corps du Saint auquel

elle est consacrée, une ancienne coutume veut que la principale relique se trouve placée sous le grand autel. D'ailleurs, les lois de l'Église n'ont jamais permis de déposer sous un autel aucun homme dont la sainteté n'eût été d'abord reconnue régulièrement. Or, nul autre Saint n'avait été déposé dans le souterrain au-dessous du grand autel de la basilique, jusqu'à l'établissement de l'autel définitif, ni même à aucune autre époque postérieure. Déjà donc on avait la certitude que si l'on venait à découvrir une tombe en cet endroit, ce ne pouvait en être une autre que celle de saint François. Enfin, ce lieu était positivement indiqué dans une bulle de Sixte V. Ce fut donc là que l'on commença les fouilles.

Après un travail de cinquante nuits on arriva, par une voie souterraine, à une construction située dans les entrailles de la pierre vive, sur laquelle s'élève la basilique. Dans l'intérieur se trouvait un espace creux et recouvert de trois grandes pierres superposées. Lorsqu'on les eut retirées, on trouva une grille de fer qui entourait une espèce de cercueil de pierre. C'était le moment décisif. A la clarté d'un petit cierge qu'on introduisit à travers les barreaux de la grille, on aperçut un squelette. Quelques parties de la tête, sur lesquelles l'humidité avait formé une sorte de cristallisation, présentaient divers points luisants. Les ossements des bras étaient en croix sur la poitrine, suivant l'habitude qu'en avait saint François pendant sa vie. La pauvreté que respirait cette sépulture rendait bien témoignage à son authenticité. Grossièrement travaillé et presque informe, le cercueil de pierre n'était pas proportionné à la stature du Saint, qui était beaucoup plus petit. Il ne paraissait pas même avoir était préparé pour lui ; car à l'un des angles, on remarquait une ouverture qui semblait indiquer que ce cercueil avait été primitivement le bassin d'une fontaine. Sous la tête du squelette, une pierre tenait lieu de coussin mortuaire : on sait que c'était aussi l'oreiller de saint François pendant sa vie. Une petite parcelle d'étoffe très-mince, la seule qui ait été retrouvée , porte fortement à croire que le corps n'avait été enveloppé que d'un simple drap de toile. En effet, s'il avait été enseveli avec ses vêtements de grosse étoffe et sa ceinture de corde, les débris en auraient été retrouvés ; ou du moins, ils auraient laissé quelque trace de poussière. Cette tombe, sur toutes ses faces, était d'une nudité complète. Les premiers disciples de saint François s'étaient appliqués, à cet égard, à remplir les dernières volontés de leur Père. Quelques instants avant de mourir, il s'était fait étendre sans vêtements sur la terre nue, pour ne rien emporter de ce monde ; et comme l'a si bien dit le Dante, il ne voulut que le cercueil de la pauvreté.

Et maintenant, voyez quel fut le sort de ce pauvre cercueil. A quelques pieds au-dessus de la grille de fer qui le fermait d'abord, s'élève aujourd'hui un double autel magnifique, enrichi des marbres les plus précieux. Les chefs-d'œuvre de Giotto le couronnent comme d'un arc de triomphe ; et, tout autour, on admire les merveilles de la basilique inférieure. Au-dessus de cette première église, la basilique supérieure est couverte de fresques ravissantes, et les peintures de Cimabüe embellissent sa voûte. Tout près, le Sacro-Convento et la résidence papale sont là comme des sentinelles préposées à sa garde. Dans l'intérieur de la ville, un essaim de couvents et d'églises environnent cette tombe, comme de nombreux enfants autour de leur mère. Le long des rues, sur les portes de la ville, des peintures et des inscriptions annoncent sa présence ; et trois couvents célèbres s'élèvent à quelque distance les uns des autres, dans la campagne, comme les ouvrages avancés de la basilique patriarcale. Voilà donc le mausolée de Jean Bernardone, surnommé François ; et cet homme, c'était l'humble fils de Pierre Bernardone et de Pica, marchands d'Assise.

Nota. — C'était avant l'invasion piémontaise que les pages précédentes ont été publiées pour la première fois. Que les temps sont changés !... Nous n'exposerons point ici la situation présente de la ville d'Assise : le dernier mot de la Providence n'est pas dit sur les *faits accomplis* en Italie. Sachons donc attendre sans impatience et sans découragement, appuyés sur cette parole qui ne passera pas, alors même que le ciel et la terre passeront : « Vous serez opprimés, mais ayez confiance, car j'ai vaincu le monde. *In mundo pressuram habebitis : confidete, ego vici mundum.* » — Joan., XVI, 33.

*Paris, janvier* 1876.

# NOTES



*Première note. Page* 18. — Quelques jours avant la naissance de François, Pica, sa mère, souffrait de grandes douleurs. Un pèlerin vint avertir qu'elle ne serait délivrée que dans une étable et que son enfant devait naître sur la paille. Ce conseil parut étrange ; cependant il fut suivi, et la mère eut une heureuse délivrance. Plus tard, cette étable devint une chapelle, que l'on appela *San Francesco il Piccolo*, Saint-François le Petit. Sur la porte, on lit cette inscription latine en caractères fort anciens.

> Hoc oratorium fuit bovis et asini stabulum
> In quo natus est Franciscus mundi speculum.

« Cette chapelle a été l'étable du bœuf et de l'âne, où est né François, le miroir du monde. »

*Deuxième note. Page* 18. — Au baptême de François, un inconnu se présenta pour le tenir sur les fonts : il le pressait dans ses bras avec tendresse. C'était un ange envoyé de Dieu, dit Wadding. *Annales Minorum.* Tom. I.

*Troisième note. Page* 18. — Un jour François se promenait, en méditant, dans la campagne ; il se dirigea vers la vieille église de Saint-Damien pour y faire sa prière. Prosterné devant le crucifix, il prononça trois fois avec une grande dévotion, ces belles paroles qu'il répéta si souvent depuis : « Grand Dieu, plein de gloire, et vous, mon Seigneur Jésus-Christ, je vous prie de m'éclairer et de dissiper les ténèbres de mon esprit ; de me donner une foi pure, une ferme espérance et une parfaite charité. Faites, ô mon Dieu ! que je vous connaisse si bien, qu'en toutes choses, je n'agisse jamais que selon vos lumières et conformément à votre sainte volonté. » Et, les yeux baignés de larmes, il regardait très-amoureusement le crucifix. Alors, il entendit par trois fois ces paroles prophétiques : « François, va, répare ma maison que tu vois tout en ruine. » Il ne les comprit pas d'abord, il les prit dans un sens matériel et travailla aussitôt à la réparation de l'église de Saint-Damien ; mais, plus tard, la fondation de ses trois Ordres contribua plus efficacement à la restauration de la société chrétienne.

Nous avons vu ce crucifix qui parla à saint François ; i. est d'une composition bien simple; mais, indépendamment du souvenir qui s'y rattache, il inspire par lui-même une impression de piété dont on ne peut se rendre compte qu'en tombant à genoux devant lui dans une fervente prière.

*Quatrième note. Page* 18. — Bernardone ne pouvait supporter que François son fils embrassât un genre de vie qui l'exposait à la risée du monde ; il était surtout furieux de le voir se dépouiller de tout ce qu'il possédait pour le donner aux pauvres, ou le consacrer à la réparation des églises. Un jour, il poussa la brutalité jusqu'à le frapper violemment ; puis, il le renferma dans un endroit obscur que l'on voit encore aujourd'hui, et que l'on appelle la *Prison de saint François.*

*Cinquième note. Page* 18. — D'après l'avis des magistrats, Bernardone eut recours à Vico Secundi, évêque d'Assise, pour arrêter les libéralités de son fils. L'évêque fit donc appeler François, et lui dit : « Votre père est très-irrité contre vous ; si vous voulez servir Dieu, rendez-lui l'argent que vous avez. Mon fils, ayez confiance en Dieu, ne craignez pas, il sera votre aide ; et, pour le bien de son Église, il vous donnera tout ce qui est nécessaire. » Encouragé par ces paroles de l'évêque, et comme enivré de Dieu, François se leva et dit : « Maître, je lui rendrai tout ce qui est à lui, même mes vêtements. » Et il se déshabilla ; puis, déposant tout devant l'évêque : « Écoutez et comprenez, dit-il ; jusqu'à présent, j'ai appelé Pierre Bernardone, mon père ; désormais je puis dire hardiment : Notre Père, qui êtes aux cieux, en qui j'ai mis tout mon trésor et la foi de mes espérances. » Tous les assistants furent émus jusqu'aux larmes, et maudirent la rapacité impitoyable de Pierre Bernardone. L'évêque, ravi de la plus tendre admiration, ouvrit ses bras et son cœur à François ; il le couvrit du manteau que l'on voit encore à Saint-Georges, au couvent des Clarisses.

*Sixième note. Page* 21. — Le Sacro-Convento est occupé par les Frères Mineurs conventuels : c'est à ces religieux qu'est confiée la garde d'honneur du tombeau de saint François et de la basilique patriarcale. Une recommandation précieuse nous a mérité la faveur de passer plusieurs jours dans l'intimité de ces dignes enfants de saint François, et nous avons pu constater par nous-même qu'ils n'ont rien oublié de ses saintes et antiques traditions. La science religieuse est peut-être plus en honneur, ou du moins elle est plus cultivée chez les Conventuels que dans aucune autre branche de la famille de saint François. C'était une bonne fortune, pour nous, que de pouvoir étudier les monuments franciscains sous leur direction. Indépendamment des nombreuses ressources bibliographiques qu'ils nous offraient, nous avons trouvé, en plusieurs d'entre eux, une science, une érudition, un goût artistique, qui n'étaient dépassés que par la modestie et la charité avec lesquelles ils en faisaient usage. Nous serions bien heureux que ces lignes leur parvinssent comme un témoignage public de notre affectueuse reconnaissance.

*Septième note. Page* 24. — Cette magnifique peinture d'Owerbeck représente la *Vision de saint François*, et voici quel en est le sujet. C'était au mois d'octobre 1221, François, prosterné dans sa cellule de Notre-Dame des Anges, priait Dieu avec larmes pour la conversion des pécheurs, lorsqu'il fut averti par un ange d'aller à l'église. Il y trouva Notre-Seigneur Jésus-Christ, sa très-sainte Mère et une multitude d'esprits célestes. Le Christ lui dit : « François, vous et vos frères vous avez un grand zèle pour le salut des âmes ; en vérité, vous avez été placé comme un flambeau dans le monde et comme le soutien de l'Église. Demandez donc ce que vous voudrez, pour le bien et la consolation des peuples, et pour ma gloire. » François fit cette prière : « Notre Père très-saint, je vous supplie, quoique je ne sois qu'un misérable pécheur, d'avoir la bonté d'accorder aux hommes, que tous ceux qui visiteront cette église reçoivent une indulgence plénière de tous leurs péchés, après s'en être confessés à un prêtre ; et je prie la bienheureuse Vierge, votre mère, avocate du genre humain, d'intercéder pour m'obtenir cette grâce. » Marie inclina son cœur vers son Fils bien-aimé, et il se passa, dans ce Paradis, tout un mystère d'amour. Jésus dit à François : « Cela est grand, mais vous recevrez des faveurs plus grandes encore. Je vous accorde ce que vous demandez ; mais que cela soit ratifié, sur la terre, par celui à qui j'ai donné le pouvoir de lier et de délier. » Et, en effet, cette indulgence fut ratifiée par Honorius III, confirmée et étendue, par ses successeurs, à toutes les églises de l'Ordre des Frères Mineurs.

Bien des peuples manquent maintenant à ce saint rendez-vous d'indulgence et d'amour ; mais les Italiens y sont restés fidèles. C'est là où il faut les voir avec leurs costumes si gracieux et si variés. C'est là, dans cette grande fête populaire du 2 août, que le peuple italien apparaît encore vraiment peuple-roi ; roi de la grâce, de la poésie et de l'art.

Cependant la cloche du Sacro-Convento donne le signal solennel que la journée du pardon s'ouvre dans le ciel et sur la terre ; tous les religieux de saint François, Conventuels, Observantins, Réformés, Capucins, Tertiaires, qui s'étaient réunis au Sacré-Couvent, défilent en longues processions sur la route d'Assise. L'évêque vient ensuite avec son clergé, tous les grands personnages ecclésiastiques et les magistrats. Alors, les portes de Notre-Dame des Anges s'ouvrent avec cérémonie. On traverse la nef, on entre dans la Portioncule, où l'on ne fait qu'une simple salutation ; puis, sortant par la petite porte pratiquée à droite, on se retire dans le cloître intérieur. Aussitôt, le peuple se précipite avec une passion, un délire, dont il est difficile de se faire une idée. Ce sont des cris, des invocations, des cantiques ; chacun à sa manière témoigne à Marie, Reine des anges et des hommes, son amour, son respect et sa reconnaissance. *Histoire de saint François d'Assise*, de M. Chavin de Malan, chap. XI.

*Huitième note. Page* 27. — « Ce soleil n'était pas encore très-loin de son lever, lorsqu'il commença à faire sentir à la terre quelques bienfaits de sa grande vertu.

« Car, tout jeune, il résista à son père pour l'amour de cette femme à laquelle, comme à la mort, nul n'ouvre la porte avec plaisir.

« Et devant la cour spirituelle, et devant son père, il s'unit à elle, et puis, de jour en jour, il l'aima plus vivement.

« Elle, veuve de son premier mari pendant mille et cent ans et plus, délaissée et obscure, avait attendu jusqu'à celui-ci sans être recherchée de personne.

« Il ne lui servit de rien qu'on eût dit d'elle, que celui qui avait fait trembler le monde au son de sa voix l'avait trouvée sans peur avec Amyclas [1].

« Et il ne lui servit de rien d'avoir été si fidèle et si hardie, que lorsque Marie resta au pied de la croix, elle y monta avec le Christ.

« Mais afin que je ne continue pas avec trop de mystère, François et la Pauvreté sont les deux amants qu'il faut reconnaître dans mes paroles diffuses.

« Leur concorde et leurs joyeux visages, leur amour, leur admiration et leurs doux regards étaient la cause de saintes pensées.

« Aussi le vénérable Bernard se déchaussa le premier pour courir après tant de paix ; et même, en courant, il lui sembla qu'il n'allait pas assez vite.

« O richesse ignorée ! ô bien vénérable ! Égide et Sylvestre se déchaussent pour suivre l'époux, tant l'épouse leur plaît.

---

1. Amyclas, pêcheur qui reçut Jules César dans sa barque, et le transporta d'Épire en Italie.

« Puis, ce père et ce maître s'en va avec elle, et avec cette famille que ceignait déjà l'humble cordon.

« Et aucune faiblesse d'âme ne lui fit baisser le regard quoiqu'il fût fils de Bernardone, et qu'il parût vivre méprisé.

« Mais, il exposa royalement sa règle austère à Innocent, et il obtint de lui la première confirmation de son Ordre.

« Lorsque la pauvre famille s'accrut après lui, lui dont la vie admirable devait être chantée au milieu de la gloire du ciel,

« La sainte volonté de cet Archimandrite [1] reçut une seconde couronne du Saint-Esprit par les mains d'Honorius.

« Et lorsque, par la soif du martyre, il annonça en présence du superbe Soudan, le Christ et ceux qui le suivirent,

« Comme il trouva les peuples encore trop rebelles à la conversion, pour ne pas rester oisif il revint recueillir le fruit de ce qu'il avait semé en Italie.

« Dans un âpre rocher, entre le Tibre et l'Arno, il reçut du Christ les derniers stigmates que ses membres portèrent deux années.

« Quand il plut à Celui qui l'avait choisi pour un si grand bien de l'appeler à la récompense dont il s'était rendu digne par son humilité,

« Il recommanda à ses frères, comme à des héritiers légitimes, la femme qu'il avait tant chérie, et il leur ordonna de l'aimer fidèlement.

« Et son âme sainte voulut se détacher du sein de la pauvreté pour revenir dans son royaume céleste ; mais elle ne voulut pas d'autre cercueil, pour son corps, que cette chère pauvreté. »

*Note neuvième. Page* 28. — Assise a conservé de bien précieux souvenirs de sainte Claire. A l'église de Saint-Georges, nous avons eu le bonheur de vénérer son corps, dont les chairs, à la tête et aux mains, se trouvent encore dans un état étonnant de conservation. En 1850, on en fit l'Invention solennelle, et on le déposa dans un petit oratoire, en attendant l'achèvement du magnifique tombeau qui devait le recevoir. Aujourd'hui encore, ce sont les Clarisses qui sont les gardiennes du corps de leur sainte Fondatrice : la mère est toujours au milieu de ses enfants.

Dieu a permis que le couvent et l'église de Saint-Damien fussent conservés jusqu'à nous à peu près tels qu'on les voyait au temps de sainte Claire, il y a plus de sept siècles. Vous entrez dans le couvent, et l'on vous fait visiter d'abord, au rez-de-chaussée, la salle du Chapitre où sainte Claire et ses filles récitaient l'Office divin. A part les vieux bancs et les pupitres antiques, il n'y a pas le moindre ornement. Vous vous sentez

[1]. Archimandrite, chef du bercail.

dans une demeure des filles de saint François ; c'est toujours la sainte Pauvreté. Vous passez ensuite dans l'ancien réfectoire ; et là, dans cette pièce où le jour ne vient que par des soupiraux, en face de murailles nues et grossières, si l'on ne vous faisait pas remarquer les tables et les bancs qui servaient aux repas des premières Pauvres-Dames, vous vous croiriez dans une cave. Il y a ici plus que la pauvreté.

Puis, on vous fait monter un escalier étroit et obscur, et vous arrivez aux anciennes cellules. En vérité, des prisonniers les trouveraient dures ; vous pensez aussitôt aux cellules du mont Soubaze, qu'on appelle les *Prisons de saint François*. Il fallait pourtant bien à ces Pauvres-Dames un endroit où elles pussent quelquefois respirer l'air et regarder le ciel. Soyez tranquille, sainte Claire y a pensé. Voyez cette petite terrasse encaissée dans les constructions environnantes et dont vous avez parcouru la longueur et la largeur en six pas ; c'est la cour de récréation. Aussi les sœurs devaient-elles n'y aller que l'une après l'autre.

Vous passez à l'église, elle est bien petite et bien pauvre : c'est une église franciscaine du temps de saint François. Cette église cependant a son trésor à elle, trésor de souvenirs vénérables. Vous vous rappelez que sainte Claire mit en fuite une bande de Sarrasins qui venaient ravager son couvent, en leur présentant à la porte l'ostensoir qui renfermait la sainte hostie ? on peut vous montrer encore cet ostensoir d'argent et d'ivoire. Une armoire renferme plusieurs objets qui ne paraissent pas avoir une bien grande valeur ; mais ils étaient à l'usage de sainte Claire : c'est le trésor de Saint-Damien. Enfin, allez dans une petite chapelle à droite ; on vous fera remarquer une peinture d'un certain mérite. C'est une tête de Christ d'une expression vraiment frappante ; mais ce qu'elle a surtout de remarquable, c'est la variété d'expression qu'elle semble prendre, suivant les différents points d'où vous la regardez. Voilà l'église et le couvent de sainte Claire à Saint-Damien. Ah ! je comprends, maintenant, pourquoi cet humble et antique monument nous a été si bien conservé ; c'est qu'il est d'une éloquence vraiment merveilleuse pour nous rappeler la mortification et la pauvreté chrétiennes ; et Dieu nous l'a laissé, dans sa sagesse, comme un enseignement dont nous avons grand besoin !

Aujourd'hui, ce ne sont plus les Clarisses que l'on rencontre à Saint-Damien : elles n'ont pas voulu se séparer de sainte Claire. C'est à Saint-Georges, près du corps de leur Mère, que ces colombes sont allées abriter leur nid. Les Récollets, d'autres enfants de saint François, les ont remplacées. C'est toujours la même pauvreté, la même abnégation ; mais on dirait que ces bons religieux ont craint de profaner le chœur, les cellules et le réfectoire des filles de sainte Claire ; ils ne les occupent pas. Seulement, ils les ont imitées autant que possible ; et c'est ainsi que Saint-Damien offre maintenant au pèlerin un double sujet d'édification : un monastère antique qui rappelle les plus hautes vertus, et une réunion d'hommes qui les pratiquent.

# FIORETTI

DE

## SAINT FRANÇOIS D'ASSISE

Il y a près de six cents ans déjà, lorsque l'Europe presque tout entière redisait avec admiration les vertus et les prodiges de saint François d'Assise, un religieux de son Ordre conçut le projet de les recueillir pour l'édification de ses frères. C'était un travail bien doux et bien facile pour lui : il y avait à peine un demi-siècle que son bienheureux Père avait quitté la terre pour aller recevoir sa couronne dans les cieux ; et, des frères qui avaient eu le bonheur de vivre en sa compagnie, dans ses dernières années, racontaient encore avec attendrissement tout ce qu'ils savaient de sa vie merveilleuse. Aussi bien, le bon frère avait reçu de Dieu les dispositions les plus propres pour exécuter heureusement son dessein : une grande facilité dans l'expression, une sensibilité exquise, une simplicité de colombe, et par-dessus tout une piété vraiment angélique. Il se mit donc à l'œuvre. Et d'abord, il se représenta la vie de saint François et de ses premiers compagnons comme un vaste jardin tout émaillé de fleurs. Il y entra, cueillit une à une chacune des vertus, chacun des prodiges qui se présentaient à ses yeux, puis il en fit un bouquet qu'il appela gracieusement FIORETTI ou PETITES FLEURS de saint François.

Mais il était une fleur qui l'emportait sur toutes les autres par son odeur et par sa beauté ; c'eût été lui faire perdre de son éclat que de la confondre avec les autres ; il fallait la cueillir séparément et la présenter seule avec tous ses charmes. Le pieux Franciscain le comprit, et la seconde partie de son livre fut intitulée: *Considérations sur les sacrés et saints Stigmates de saint François.*

Deux compagnons du Bienheureux fixèrent ensuite son attention. Le caractère sous lequel ils se présentaient l'avait plus vivement frappé ; il résolut de tracer au moins les principaux traits de leur vie. Il commença par Frère Junipère ; c'était bien la biographie la plus singulière qu'il entreprenait là. Il voulut sans doute que la forme qu'il lui donnerait répondît au fond, et vraiment il était difficile de mieux réussir. Vous arrivez au premier chapitre de la vie du Frère Junipère, vous vous attendez à trouver des détails sur son origine, sa vocation.... rien de tout cela; voici que le titre vous annonce tout d'abord une histoire, mais une histoire si bizarre, que vous ne pouvez revenir de votre surprise. Nous l'avouerons, nous nous trouvions entièrement déconcerté en arrivant à cette partie des *Fioretti ;* nous cherchions à nous rendre compte de tous les détails de cette vie par des principes tirés de la foi ; et toujours il nous semblait qu'il y avait là quelque chose de plus que la folie de la croix. Enfin, nous avons trouvé l'unique et véritable raison de cette singularité, qui s'explique fort naturellement. On lit, dans le chapitre troisième de la vie de Frère Junipère, qu'il fut cruellement tourmenté par les ordres d'un seigneur nommé Nicolas ; or, nous apprenons, par l'auteur des *Conformités de saint François*, que le pauvre frère eut alors la tête si rudement martelée, qu'elle ne se retrouva jamais parfaitement saine [1]. Il faut avouer cependant, qu'il y a, dans la vie du bon frère, des exemples de vertus capables de confondre les sages qui s'en moqueraient; et, quand on connaît la raison des pieux excès de son zèle, on est enchanté de les trouver racontés avec tant d'enjouement et tant de simplicité.

La vie de Frère Junipère est suivie de celle du Frère Égide. On y reconnaît sans peine le disciple formé par les soins de saint François, et l'on admire qu'il ait su retracer si fidèlement les vertus de celui qu'il avait choisi pour son modèle. Enfin, les *Fioretti* sont terminées par la *Doctrine de Frère Égide.* Ce ne sont pas des dissertations savantes, ni des théories abstraites sur les vertus ; le saint frère croyait, avec raison, qu'il valait beaucoup mieux disserter

_______

1. **Propter quod deinceps nunquam fuit capite sanus. Folio 92.**

un peu moins et pratiquer un peu plus. Sa doctrine, c'est la vie de saint François et de ses premiers compagnous réduite en principes de vertus pratiques ; rien de plus. Il semble que l'auteur des *Petites Fleurs* ait voulu nous dire, en finissant ainsi : Vous avez admiré les Saints dont je vous ai raconté les prodiges ; mais ce n'est pas assez ; il faut, avant tout, imiter leurs vertus; or, voici celles à la pratique desquelles ils s'attachaient spécialement et la manière dont ils s'y conformaient dans leur conduite. Puis, il expose simplement les fruits qu'on peut retirer de ces vertus, l'aveuglement de ceux qui les négligent ; et c'est ainsi que finissent les PETITES FLEURS, *à la louange de* JÉSUS-CHRIST *et de saint François, son petit pauvre.*

On ne regrette qu'une chose en parcourant ces intéressantes légendes, c'est de ne pas en connaître l'auteur[1] ; on aimerait savoir à qui l'on est redevable du plaisir qu'on éprouve, afin de l'en remercier dans son cœur et de répéter son nom devant Dieu. Pourquoi donc a-t-il voulu se dérober à la reconnaissance ? Nous pouvons conclure certainement, d'après les *Fioretti*, que c'était un moine Franciscain qui vivait vers la fin du treizième siècle ; mais les longues recherches que nous avons faites pour découvrir son nom ne nous ont conduit à rien de certain. Ah ! sans doute, le bon frère voulait bien de l'immortalité cependant, mais au ciel, avec son bienheureux Père saint François. Voyageur étranger sur terre, que lui faisait à lui de laisser, en passant, son nom à la postérité ?

Quand on est sincèrement chrétien, quand on sent dans son cœur un vif amour de Dieu, quand surtout on n'a pas peur des saintes et généreuses folies de la croix, en vérité, c'est un bouheur que de rencontrer, après plus de cinq siècles, ces gracieuses pages, de pouvoir reposer ses yeux fatigués sur ces petites fleurs, et de savourer le délicieux parfum qu'elles exhalent. Il y a là une piété si tendre, une si naïve et si douce poésie ! Aussi l'Italie a-t-elle mis au nombre de ses monuments littéraires les plus précieux cette antique production de sa langue, qu'elle ne s'est pas encore lassée d'admirer et d'aimer. Mais pour-

1. Voyez, page 65, la note 1<sup>re</sup>.

quoi donc ce petit chef-d'œuvre est-il demeuré caché pour
nous jusqu'à ce jour ? On fouille péniblement dans le passé
pour en extraire tout ce qui peut exciter l'intérêt et la
curiosité de notre époque, comment donc se fait-il que les
*Fioretti* soient restées dans l'oubli et que personne n'ait
entrepris encore de nous en révéler les beautés [1] ? Telles
étaient les réflexions qui nous occupaient lorsque, pour la
première fois, nous parcourions les Légendes Franciscaines ;
nous aurions voulu partager avec nos amis le plaisir qu'elles
nous avaient procuré, et nous nous proposions, dès lors,
d'en entreprendre nous-même la traduction, sitôt que nous
en aurions le loisir.

Mais, dira-t-on, publier actuellement une traduction des
*Fioretti*, n'est-ce pas aller contre les idées généralement
admises de nos jours ? Nous ne le pensons pas. Malgré les
ravages de l'incrédulité , Dieu conserve encore, parmi
nous, un petit troupeau d'âmes privilégiées qui l'adorent
en esprit et en vérité ; ces âmes, nous n'en doutons pas,
sauront apprécier et *goûter* les charmes des *Petites Fleurs*
de saint François. Et puis, parmi ceux mêmes chez qui le
sentiment religieux est presque éteint, il en est beaucoup
qui commencent à se lasser de ce qu'ils entendent et de
ce qu'ils voient. Nous ne voulons pas dire qu'il y ait
encore réaction ; les voies de Dieu sont impénétrables et
les mystères de sa miséricorde sont connus de lui seul ;
mais n'est-il pas vrai, néanmoins, que bien des hommes
se sentent mal à l'aise dans l'atmosphère qu'ils respirent ?
N'est-il pas vrai que plusieurs, après avoir déjà fourni une
longue carrière, s'arrêtent, jettent un regard en arrière et
se demandent avec anxiété s'il n'y aurait pas un moyen de
revenir sur leurs pas? N'est-il pas vrai, enfin, que beaucoup
seraient chrétiens, et sincèrement chrétiens, si la peur, si
l'amour-propre, si l'intérêt surtout ne refoulaient la pensée
du ciel qui surgit dans leur âme ? Eh bien ! nous le croyons,
si un livre tel que les *Fioretti* venait à tomber entre leurs
mains, ces hommes le liraient avec intérêt ; et s'ils ne com-
prenaient pas tout ce qu'il renferme, au moins seraient-ils
sensibles à la naïveté, à la gracieuse simplicité, à la fraî-

---

1. Voyez la note 2*, page 65.

cheur de poésie qu'ils y trouveraient ; et qui sait s'ils n'en recueilleraient pas une de ces impressions de la grâce dont ils ne pourraient pas bien se rendre compte alors, mais qui produirait cependant ses fruits en son temps ? Les âmes pures et droites devant Dieu, les âmes désenchantées des illusions du siècle et qui sentent le besoin de s'attacher à quelque chose de plus constant et de plus vrai, voilà donc celles auxquelles nous adressons spécialement nos *Petites Fleurs*. Maintenant surtout que ce petit ouvrage, imprimé pour la première fois en 1848, a traversé les temps orageux de plusieurs grandes révolutions, c'est avec une confiance toute nouvelle que nous le représentons au public dans une cinquième édition. Le sentiment religieux qui s'est réveillé dans les esprits, depuis quelques années, n'a certainement pas diminué, il s'en faut bien ; et, si les leçons de la Providence n'ont pas changé tous les cœurs ni calmé toutes les passions, on peut assurer néanmoins, qu'un bon nombre d'esprits les ont comprises, pour s'en servir dans la pratique.

Et puis, il est un noble encouragement, une bénédiction précieuse qui a porté bonheur à la deuxième édition des *Petites Fleurs* de saint François d'Assise, et qui les accompagnera, nous l'espérons, dans les publications suivantes. Quelques mois avant de les représenter, pour la seconde fois, au lecteur chrétien, le traducteur avait l'honneur de les déposer, avec d'autres ouvrages, aux pieds du Vicaire de Jésus-Christ, et le saint Père daignait l'encourager dans ses travaux, lui donner ses avis, et le bénir avec toute la bonté d'un père.

Mais, nous le sentons, une tâche nous reste à remplir ; nous n'aurions rien fait sans cela. Ce livre ressemble si peu à ce qui se publie de nos jours ; il est si étranger à nos mœurs, à nos manières de voir, qu'il lui faut, pour ainsi dire, une clef qui en donne l'intelligence. Essayons donc ce travail préliminaire, et commençons d'abord par jeter un rapide coup d'œil sur l'ensemble de la vie de saint François.

« Entre le Tupino et l'eau qui descend de la colline
« choisie pour sa demeure par le bienheureux Ubald, sur
« la côte fertile qui s'abaisse de cette haute montagne...

« naquit au monde (1182), dit Dante, un soleil comparable
« au nôtre [1], » un soleil qui devait réjouir l'Église par
l'éclat de ses vertus. Une étable et un peu de paille re-
çurent François Bernardone, « le plus ardent, le plus transporté, et, si j'ose ainsi parler, le plus désespéré amateur
de la pauvreté qui ait peut-être été dans l'Église [2]. »
Comme autrefois, au jour de la Nativité du Sauveur, des
hymnes célestes retentirent autour de son berceau et
présagèrent la haute mission que devait remplir un jour
le nouveau-né. D'heureuses dispositions se manifestèrent
de bonne heure dans le jeune François : une douceur
attrayante, de la vivacité, du jugement, du courage et
surtout une forte inclination à donner au delà même de ce
qu'il possédait. Jaloux de s'attirer cette âme privilégiée,
l'esprit de séduction redoubla d'efforts pour la captiver par
ses artifices. François se laissa d'abord éblouir, des projets de grandeur et de gloire l'occupèrent dans ses premières années ; mais une longue maladie, jointe à des
angoisses spirituelles, l'arrachèrent définitivement au
monde pour le donner à Dieu sans partage. Un jour, après
un repas somptueux, la troupe joyeuse et turbulente de
la jeunesse d'Assise parcourait la ville en chantant ;
François, contre son habitude, s'était retiré seul à l'écart
et il marchait tout pensif. Ses compagnons s'en aperçurent
et lui demandèrent, en riant, le sujet d'une si profonde
rêverie. — « Je songeais à prendre une épouse, répondit
François, mais une épouse si noble, si riche et si belle qu'il
n'y en a point de semblable au monde. » C'en était fait,
l'esprit de JÉSUS-CHRIST crucifié venait de descendre sur lui ;
et, dès ce moment, l'amour de la croix, du détachement
des créatures, et de la pauvreté, devenait sa grande et unique
passion.

Cependant Bernardone ne voyait pas avec plaisir les
pieuses largesses de son fils ; il alla même jusqu'à le citer
devant l'évêque d'Assise, dont il était justiciable, en l'ac-
cusant de détourner, au profit des pauvres, le fruit de son
négoce. Vico de Secundi reçut François avec bonté, et,

1. *Paradis*, chant XXI.
2. Bossuet. *Panégyrique de S. François d'Assise.*

loin de le condamner, il l'encouragea dans ses projets en l'exhortant à mettre en Dieu son seul espoir et sa confiance. Alors, comme s'il eût été soudainement inspiré, le jeune homme se lève, se dépouille de ses vêtements et les jette aux pieds du pontife, en disant : Jusqu'à présent, j'ai appelé Pierre Bernardone mon père ; désormais, je puis dire hardiment : Notre Père, qui êtes aux cieux. « O Dieu éternel ! s'écrie ici le grand Bossuet, que vous inspirez de belles réponses à vos serviteurs, quand ils se laissent conduire à votre Esprit-Saint ! Quelle éloquence assez forte, quels raisonnements assez magnifiques pourraient égaler la majesté de cette parole ? Oh ! la belle banqueroute que fait aujourd'hui ce marchand ! ô homme, autant incapable d'avoir des richesses que digne de n'en avoir pas assez ! digne d'être écrit dans le livre des pauvres évangéliques et de vivre dorénavant sur les fonds de la Providence [1] ! »

François avait vingt-quatre ans lorsqu'il fit au monde cet adieu solennel. Entré dès lors, selon son désir, dans la vraie liberté des enfants de Dieu, il embrassa plus étroitement encore la sainte pauvreté : « Ma chère Pauvreté, s'écriait-il souvent, je ne puis m'empêcher de t'estimer, depuis que mon Maître t'a épousée. » Une caverne solitaire devint son lieu de retraite et de prière. De temps en temps, dans la journée, il la quittait pour aller servir les lépreux, panser leurs plaies et baiser amoureusement *ces chers pauvres du bon Dieu*, comme on les appelait alors. Et puis, quand le soir était venu, il allait, de porte en porte, demandant son pain au nom de Jésus. « C'est ainsi que tu dois vivre, se disait-il à lui-même, pour l'amour de Celui qui est né pauvre, qui a vécu pauvrement, que l'on a attaché nu sur la croix, et qui, après sa mort, a été mis dans un tombeau étranger. »

Ainsi se préparait, dans le silence et la mortification, celui que le ciel destinait à de si grandes choses. Mais voici que le temps est venu où Dieu veut le manifester au monde ; c'est en vain qu'il cherche à s'enfoncer de plus en plus dans l'oubli ; une main puissante va le soulever et le pousser, comme malgré lui, dans la vaste carrière qu'il doit parcourir.

---

1. *Panégyrique de S. François.*

Un jour que François assistait à la Messe dans l'église de Sainte-Marie des Anges, il entendit ces paroles de l'Évangile : « Ne portez ni or, ni argent, ni aucune monnaie dans votre bourse ; ni sac, ni deux vêtements, ni souliers, ni bâton. » Ce précepte du Sauveur à ses disciples pénétra vivement dans son cœur. Voilà ce que je cherche, s'écriat-il aussitôt, voilà ce que je souhaite de toute l'ardeur de mon âme. Et sur-le-champ, jetant sa bourse et son bâton et quittant ses souliers, il prend une tunique rude et grossière, se ceint d'une corde, et se met en marche pour aller prêcher la pénitence à ses concitoyens. Cette haute sainteté, ce complet détachement, cette humilité sincère et cette rigoureuse imitation de la vie du Sauveur excitèrent le respect et l'admiration de plusieurs ; et l'on vit bientôt des hommes considérés par leur naissance et leur fortune se réunir au fils de Bernardone, pour entrer avec lui dans la voie de la mortification et nouer l'humble cordon.

Le Seigneur bénit et multiplia cette précieuse semence, et François vit sa petite troupe prendre un tel accroissement, qu'il pensa bientôt à lui donner une constitution. Il réalisa ce projet, en prescrivant, outre les trois vœux ordinaires, une renonciation expresse à toute possession et l'engagement de vivre d'aumônes. Ensuite, il se dirigea vers Rome pour solliciter l'autorisation du Pontife dont les vertus et les talents illustraient alors la chaire de Pierre. Étonné d'une entreprise si hardie, Innocent III lui demanda quelles étaient les ressources sur lesquelles il comptait? — « J'ai mis ma confiance dans mon Seigneur Jésus-Christ, répondit François ; celui qui nous promet la gloire et la vie éternelle ne nous refusera pas la nourriture du corps. » — « Allez donc avec Dieu, cher fils, reprit le Pontife ; et, à mesure qu'il vous éclairera, prêchez à tous la pénitence.» Dès ce moment, François envahit le monde avec sa petite troupe. De l'humble chapelle de Notre-Dame des Anges, dont il a fait comme le Capitole de la pauvreté, il lance ces nouveaux chevaliers de Jésus à la conquête des âmes. « Allez, leur disait-il au moment du départ ; voyagez toujours deux à deux. Louez Dieu dans le silence de vos cœurs jusqu'à la troisième heure, alors seulement vous pourrez parler. Que votre parole soit humble, simple et de nature à faire honorer le Seigneur par celui qui vous écoutera. Annoncez partout la paix, mais commencez par la garder dans votre propre cœur. » Ensuite, il leur parlait de la pauvreté, de cette chère pauvreté qu'il appelait l'amie et la fiancée du Christ. Après avoir reçu ces paternelles recommandations, les fervents missionnaires s'en allaient par le monde, cherchant à lui communiquer, par leurs enseignements, et plus encore par leurs exemples, cette paix qu'ils goûtaient eux-mêmes avec tant de délices. Puis, quelque temps après, accompagnés des nouveaux frères qu'ils avaient gagnés aux ignominies de la croix, ils revenaient se reposer dans l'humble Portioncule des fatigues de la mission, en écoutant avec amour et respect les touchantes instructions de leur Père. Oh ! sans doute, ils étaient bien doux les embrassements de cette réunion où tous se racontaient avec simplicité les travaux et les succès de leur mission. Ce qu'ils disaient surtout alors avec un incroyable plaisir, c'étaient les insultes et les mauvais traitements qu'ils avaient endurés. C'était un si grand bonheur pour eux que de souffrir comme leur bon Maître !

Cependant l'Italie ne suffisait plus à l'activité du zèle ardent de François ; son cœur, aussi grand que le monde, était dévoré du désir de soumettre toute la terre à son Dieu. Gonfalonier du Christ, il court, l'étendard de la croix à la main, par toutes les villes, par toutes les bourgades, disant à tous : « O vous, qui désirez l'unique perle de l'Évangile (il entendait la pauvreté volontaire), venez, associons-nous ; vendez vos biens, donnez-les aux pauvres ; venez avec moi, libres de tout soin terrestre ; venez, nous ferons pénitence ; venez, nous louerons Dieu en simplicité et en pauvreté. » L'Italie, la France, l'Espagne, la Navarre, les côtes barbares du Nil et du Jourdain entendent François redisant l'amour de Dieu pour les hommes. On le vit, avec son habit pauvre et déchiré, avec son extérieur chétif et son visage défait, on le vit évangélisant de toute l'ardeur de sa foi et de son amour ; prêchant partout avec une sainte hardiesse l'abnégation et le renoncement absolu. Vous l'eussiez rencontré chantant le long des routes des can-

tiques en français [1], et disant à tous ceux qu'il rencontrait,
que lui et ses frères n'étaient que les musiciens du bon
Dieu, ne voulant d'autre salaire que la pénitence des pécheurs. A cette voix toute brûlante de charité, les peuples
accouraient en foule pour entendre et voir cet homme dont
on racontait des choses si merveilleuses. Telle est l'autorité
de sa parole, que les sectateurs du Prophète de la Mecque
ne sont point indignés des reproches véhéments qu'il leur
adresse et de ses invectives contre Mahomet ; ils ne peuvent
s'empêcher d'admirer le zèle, la fermeté et l'abnégation de
l'intrépide missionnaire ; et, dans leur admiration, ils le
comblent d'honneurs. La nature elle-même obéit à sa voix.
On vit les animaux entrer avec lui dans des rapports fami-
liers, et lui devenir soumis, comme autrefois, suivant les
traditions antiques, ils obéissaient à l'homme avant sa chute.
Souvent aussi, des apparitions de la Divinité, des extases,
venaient rafraîchir cette âme tout enflammée de l'amour de
Dieu ; et d'ineffables communications s'établissaient entre
Jésus et ce pauvre moine, « dont la vie admirable, s'écrie
Dante, se chanterait mieux parmi les gloires du ciel [2]. »

Un matin, vers la fête de l'Exaltation de la sainte Croix,
pendant que François priait sur l'Alverne, rocher âpre et
sauvage, où souvent il allait se reposer des fatigues de
l'apostolat, un Séraphin, qui avait six ailes ardentes et lu-
mineuses, descendit vers lui d'un vol rapide. Quand il fut
proche, le Saint vit entre ses ailes la figure d'un homme,
dont les mains et les pieds étaient attachés à une croix.
Cette vision le jeta dans l'étonnement ; il se sentit saisi
d'une joie mêlée de tristesse, et il comprit que ce n'était
pas par le martyre du corps, mais par l'ardeur de la charité,
qu'il devait être transformé en la ressemblance de JÉSUS-
CHRIST crucifié. La vision disparut, et saint François en
ressentit aussitôt les merveilleux effets ; car, dès lors, une
fournaise d'amour s'enflamma dans son âme, et son corps
fut honoré des sacrés et saints Stigmates [3]. Cette stigmatisation, cette passion sur le mont Alverne, est le point

1. Voyez la note 3*, page 66.
2. *Paradis*, chant XXI.
3. Voyez la note 4e, page 68.

culminant de la vie de saint François ; c'est aussi son couronnement et sa perfection ici-bas. Aussi, dès ce jour, notre Bienheureux n'appartient plus à la terre que par des liens extérieurs que l'amour dissout de plus en plus, et qui finissent enfin par se briser entièrement pour laisser son âme s'envoler vers les cieux (1226).

Il nous est facile maintenant de comprendre le rang distingué que saint François occupe dans les annales de l'Église. Cette vaste influence sur son siècle, la fondation d'un Ordre si répandu, si puissant et si utile, l'ont mis, à juste titre, au nombre des hommes vraiment providentiels. Cependant, son affection pour la pauvreté, sa profonde abnégation, sa puissance sur la nature sensible et ses communications avec Dieu, n'ont point échappé à la sévère critique de l'incrédulité. La grâce s'y montrait avec trop de splendeur ; l'Évangile de la croix et sa folie sacrée s'y présentaient avec trop de rudesse, pour ne pas heurter les idées du monde et s'attirer ses sarcasmes. Aussi les outrages ont-ils été poussés jusqu'à l'excès, et le pauvre disciple a plus d'une fois été cloué, comme son Maître, au gibet de la risée publique. Il en sera toujours ainsi, tant que l'on n'étudiera la vie des Saints qu'avec les seules lumières de la sagesse humaine. Ce n'est qu'au flambeau de la foi que les ténèbres se dissipent et que le jour se fait.

Notre intention n'est pas de réfuter ici les paradoxes de l'incrédulité ; la question que nous nous proposons d'examiner n'est pas non plus de savoir, en général, si les faits merveilleux sont possibles en eux-mêmes. Dieu peut-il faire un miracle ? « Cette question sérieusement traitée, dit le Philosophe de Genève lui-même, serait impie si elle n'était absurde ; ce serait faire trop d'honneur à celui qui la résoudrait négativement que de le punir, il suffirait de l'enfermer [1]. » La voix unanime et constante des peuples pour reconnaître l'intervention immédiate de la Divinité dans les actions humaines prouve évidemment sa possibilité. D'ailleurs, le merveilleux de la vie des Saints a toujours passé pour indubitable dans l'Église. A chaque page, ses annales réclament la croyance aux miracles et à la

---

1. *Lettres écrites de la Montagne*, n. 104, 1793, Paris.

communication réelle entre les êtres spirituels et l'homme. Quant aux *principaux* faits merveilleux qui se trouvent relatés, en particulier, dans les *Fioretti*, il est impossible aux vrais catholiques de les révoquer en doute, puisqu'ils sont consignés dans le procès de la canonisation de saint François, et que l'Église en a reconnu solennellement l'authenticité. Nous dirons plus, un homme sage et sans préjugés ne saurait logiquement les rejeter sans tomber dans un scepticisme exagéré ; car nous défions de citer une seule histoire des temps anciens qui soit composée par des hommes plus dignes de confiance, et confirmée par des témoignages plus nombreux et plus imposants [1]. Mais, encore une fois, l'examen de ces questions générales n'est point ici notre but ; nous n'essaierons qu'une seule chose : donner la raison particulière de la vie de saint François, montrer le dessein de Dieu sur lui, la mission à laquelle il le destinait.

Les Saints proposés à notre vénération n'ont obtenu le culte que nous leur rendons que par l'application qu'ils ont apportée, pendant leur vie, à se rendre conformes à Jésus-Christ, leur type primitif ; c'est une vérité incontestable. Plus cette conformité s'est trouvée parfaite en eux, plus aussi leur gloire a jeté d'éclat, plus leur couronne immortelle a été précieuse. Mais, en étudiant attentivement la vie des plus grands Saints, on reconnaît bientôt que cette conformité avec le Sauveur s'est manifestée plus spécialement en un point, qui est comme le centre où se résument toutes leurs autres vertus. C'est ainsi que, dans ces derniers siècles, saint François de Sales fit paraître la douceur chrétienne avec tous ses charmes ; et saint Vincent de Paul, la charité la plus ardente et la plus universelle. Les prétendus sages du monde s'imaginent avoir fait beaucoup quand, mesurant ces grands hommes à leurs misérables proportions, ils affirment avoir trouvé la raison de leurs prodiges dans leur caractère ou leur tempérament ; mais Dieu, qui façonne toutes les natures comme il lui plaît, en juge bien autrement, et il sait bien que ses immuables

---

1. Voyez la Préface de la *Vie de saint François d'Assise* du P. Chalippe.

desseins sur les élus sont la première raison des merveilles qu'ils opèrent. Saint François d'Assise avait donc, lui aussi, sa grande mission à remplir ; Dieu avait donc sur lui un dessein tout spécial. Or, cette mission, ce dessein, il n'est pas difficile de les découvrir : saint François fut certainement suscité de Dieu pour rendre sensible au monde le mystère de la Rédemption, le mystère de la Croix, en le reproduisant dans sa personne.

La croix ! voilà la lettre qui tue, selon l'énergique expression des livres saints. La croix ! mais c'est là ce qui faisait le scandale des Juifs, et ce qui paraissait une folie aux Gentils. « N'importe, s'écriait le grand Apôtre, pour moi, à Dieu ne plaise que jamais je me glorifie, si ce n'est en la croix de Notre-Seigneur Jésus-Christ. » Dieu nous garde, nous aussi, de dépouiller saint François d'Assise de ce caractère d'extravagance qui blesse le sens humain, de cette folie de la croix. En faire un sage selon le monde, ce serait lui ravir sa plus belle couronne, ce serait mentir à l'histoire, ce serait ignorer profondément l'esprit de l'Évangile dont il fut le plus glorieux insensé. Aussi bien, pourquoi donc aurait-il rougi de la croix, et pourquoi serions-nous assez lâches pour en rougir nous-mêmes ? N'est-ce pas la croix, avec toute sa folie, qui a sauvé le monde ? Les hommes n'avaient pas voulu reconnaître Dieu dans les œuvres de sa sagesse ; et Dieu, indigné contre la raison humaine, dit Bossuet [1], ne veut plus désormais qu'il y ait de salut pour elle que par la folie. C'est pourquoi il ne garde plus aucune mesure. Non content de se montrer à sa créature, il vient s'unir à elle ; il ne s'avance plus que par des démarches insensées ; il saute les montagnes et les collines ; du ciel à la crèche ; de la crèche, par divers bonds, sur la croix ; de la croix au tombeau et au fond des enfers, et de là au plus haut des cieux. Voilà cette illustre, cette généreuse, cette sage, cette triomphante folie du Christianisme qui dompte tout ce qui s'oppose à la science de Dieu, qui rend humble et qui renverse invinciblement la raison humaine, en remportant toujours sur elle une glorieuse

_______

1. *Panégyrique de S. François.*

victoire. Ainsi comprise, la croix n'est plus la lettre qui tue, c'est l'esprit qui vivifie, c'est le flambeau divin qui éclaire l'âme en échauffant le cœur. Développons donc cette sublime doctrine, et voyons son application dans la personne de saint François d'Assise.

Dieu, dit un sage, est toujours un dans ses œuvres, parce qu'il aime la beauté, et que la beauté se résume dans l'unité. Soit qu'il agisse comme créateur du monde physique, soit qu'il gouverne comme régulateur du monde moral, il est toujours le même ; ses œuvres sont toujours d'accord et toujours elles tendent à un but unique et constant. Quel est donc ce but et cette fin de toutes les opérations de Dieu sur la terre ? Les disciples du Sauveur le publient, leurs successeurs le répètent après eux, l'Église de tous les siècles le confirme, et l'univers entier le proclame : c'est JÉSUS-CHRIST, et JÉSUS-CHRIST lui seul. « La fin de la loi, dit le Livre sacré, c'est le Christ [1]. » Deux mille ans de prodiges précéderont son avénement sur la terre, et l'on n'en verra pas un seul qui ne se rapporte à lui comme à son terme. Dix-huit cents ans se sont écoulés depuis qu'il est remonté vers son Père ; et, sur la terre encore, tout s'incline au nom de Jésus, aussi bien qu'au ciel et dans les enfers. Oui, le Sauveur est vraiment la base solide et inébranlable de l'humanité tout entière, et quiconque oserait entreprendre de construire sur un autre fondement verrait bientôt son frêle édifice s'écrouler et devenir le jouet des vents. JÉSUS-CHRIST, dit saint Paul, c'est celui que le Seigneur « a constitué souverain sur toutes les créatures, et qu'il a donné pour chef à toute l'Église qui est son corps [2]. » Aussi, voyons-nous que tout, ici-bas, nous rappelle ce bien-aimé Sauveur. Voyageurs étrangers sur la terre, nous n'avons qu'à lever les yeux et nous trouvons, à chaque pas, sur notre route, des créatures qui publient ses merveilles.

Disons plus, c'est JÉSUS-CHRIST crucifié que Dieu le Père a pris pour terme de ses œuvres. Tout est disposé pour ce grand dessein. Le Sauveur apparaît sur la terre revêtu des marques de la royauté, mais c'est sur le Golgotha qu'est

1. *Epist. ad Rom.*, cap. x, 4.
2. *Epist. ad Ephes.*, cap. I.

élevé son trône ; il n'a pas d'autre pourpre que le sang qui
coule de ses membres déchirés; pas d'autre sceptre que la
croix. « Nous voyons Jésus couronné d'honneur et de gloire
mais c'est qu'auparavant il a goûté la mort pour tous [1]. »
Il est tombé de la croix dans le tombeau, et, par un merveilleux contre-coup, tous les peuples sont tombés à ses
pieds. « Il a vaincu, non par le fer, mais par le bois [2]. » Il
fallait que le Sauveur fût l'homme pénitent par excellence ;
il fallait que, partout et toujours, le nouvel Adam se trouvât en opposition avec l'ancien ; il fallait qu'il rachetât le
monde en détruisant d'abord ce qui l'avait perdu. Et puis,
dit encore Bossuet [3], le Seigneur avait résolu de renverser
Satan par ce qu'il dédaignait le plus. Il s'était élevé contre
Dieu de toute sa force ; Dieu descend contre lui armé seulement de faiblesse. Il avait voulu se faire le Dieu de
l'homme ; un homme est établi son Dieu. Il avait amené la
mort sur la terre, et voici que la mort va ruiner ses desseins. Il avait fondé sa puissance en attachant les hommes
aux honneurs, aux plaisirs et aux richesses; et les opprobres, la pauvreté, la croix en un mot, vont détruire son
empire de fond en comble. Enfin, Satan avait pensé tromper l'homme en lui promettant, avec ironie, qu'il deviendrait semblable à Dieu ; et voici que le Sauveur, en se faisant homme comme nous et en mourant pour nous, nous
rend en effet participants à la divinité. O merveilleuse
puissance de la croix de Jésus !

Jésus-Christ crucifié, voilà donc le terme de toutes les
œuvres de Dieu. Mais Jésus-Christ, dit l'Apôtre, c'est le
*Verbe abrégé* ; il faut le développer, le commenter : or, c'est
à l'Église qu'est confiée cette mission, et c'est par le moyen
de ses saints qu'elle y parvient. Une foule d'intelligences
sont arrêtées en présence de ces développements et de ces
commentaires ; dans l'impuissance où elles se voient de
les pénétrer, elles blasphèment ce qu'elles ignorent, elles
accusent d'incohérence et d'absurdité les choses les plus
dignes de leur respect ; mais c'est qu'elles n'ont pas étudié

1. *Epist. ad Hebr.*, II, 9.
2. S. Augustin, in *Psalm.* LIV, n. 12.
3. *Sermon sur l'Exaltation de la sainte Croix.*

d'abord le texte fondamental, elles ne l'ont pas compris, et le reste n'est pour elles qu'une énigme impénétrable. Pour ceux, au contraire, qui sont allés demander humblement la lumière au pied de la croix, un rayon d'en haut descend sur eux, et tout leur paraît esprit et vie. C'est donc à cette clarté que nous devons étudier en particulier la vie de saint François d'Assise ; et c'est alors seulement que nous nous reposerons avec amour et vénération dans la douce contemplation des vertus et des prodiges qu'elle nous présente.

C'était un dessein manifeste de la divine Providence de n'accomplir ses œuvres ici-bas que graduellement et avec mesure. Dieu pouvait d'un seul mot, d'un seul signe, d'un seul acte de sa volonté, faire éclore l'univers tout entier du néant ; il y met six jours, et il se repose le septième. Aussi bien, pouvait-il donner tout d'abord à son Église sa plus vive splendeur ; mais il veut encore suivre ici le plan général qu'il s'est tracé, et l'Église, elle aussi, n'atteindra sa perfection et sa maturité, qu'après avoir passé d'abord et successivement par les différentes phases que traversent les autres sociétés humaines. L'Église a commencé par 'enfance ; et, pendant trois siècles, elle a vu son berceau nager dans le sang ; puis, elle a déployé librement son radieux étendard, et la croix a brillé sur le front des souverains. Au treizième siècle, cette fille du ciel en était à son adolescence. Sans doute, elle avait toujours ses promesses d'immortalité ; mais le vaisseau qui la portait sur l'océan du monde n'était pas à l'abri des tempêtes, et les vagues plus agitées qui le pressaient semblaient présager une violente secousse. Au milieu des élans et des transports d'une vie surabondante, les hommes qui composaient alors la société chrétienne allaient peut-être oublier leur sublime origine. Possesseurs assurés d'une indépendance qui leur avait coûté si cher dans les premiers temps, ils semblaient s'y complaire ; ils étaient impatients d'en faire usage et d'en jouir dans toute sa plénitude. Déjà le travail s'opérait en eux, on les voyait tressaillir et s'agiter... Mais non, Dieu voulait épargner cette épreuve à son Église ; voici que les Bernard, les François d'Assise et les Dominique se lèvent au milieu des peuples ; des milliers de prodiges attestent leur sainteté ; leur voix puissante retentit par tout le monde ; et le vaisseau de l'Église vogue plus majestueux que jamais ; et, dans son sein, la justice et la paix se confondent plus étroitement encore dans leurs mutuels embrassements.

Parmi les hommes que Dieu daigna susciter alors pour opérer cette réaction, saint François d'Assise apparaît chargé d'une mission plus spéciale et plus imposante : c'était lui qui devait renouveler avec éclat, à la face du monde, le mystère de sa rédemption ; et voilà la raison et l'explication de tous ses prodiges. Et, en effet, que voyons-nous dans sa vie ainsi que dans celle de ses premiers compagnons ? Ce que le monde avait vu, onze siècles auparavant, dans la personne de JÉSUS-CHRIST et de ses Apôtres : l'homme affranchi des liens de la nature, l'homme pénétrant dans les secrets mystérieux de la nature, l'homme, enfin, dominant la nature et la ramenant à Dieu ; et tout cela, par le seul moyen de la croix.

François d'Assise a saisi dans ses bras la croix de son Maître ; il la presse amoureusement sur son cœur et ne veut pas d'autre partage ; dès lors, tout le reste lui devient étranger. Il voit autour de lui la foule insensée des voluptueux qui s'enivrent à la coupe des plaisirs sensuels, et qui ne trouvent au fond que la déception et le remords ; il voit des hommes avides qui s'épuisent pour amasser des richesses dont ils se font les esclaves quand ils ont pu se les procurer ; il voit enfin les ambitieux qui poursuivent, avec une incroyable activité, un fantôme de gloire qui leur échappe dès qu'ils croient l'avoir saisi. A ce spectacle, il lève les yeux et jette un regard sur sa croix ; il voit JÉSUS-CHRIST devenu le Rédempteur du monde par l'effusion de son sang ; il voit un Dieu pauvre, triomphant de tous les riches de la terre ; il voit le Sauveur couronné d'épines, abreuvé de moqueries et d'outrages, et lui-même aussitôt renonce à tous les plaisirs, pour châtier et dompter par l'esprit sa chair infirme et rebelle ; il foule aux pieds tous les trésors, et prend la pauvreté pour son unique héritage ; il serre plus vivement encore sa croix chérie ; et, comme l'Apôtre, il ne veut plus mettre ailleurs sa gloire, sa sagesse et sa puissance. Heureux sectateur de la croix qui trouve aux pieds du Christ une si belle et si complète indépendance ! La philosophie nous vante bien haut sa liberté, elle prend en pitié les misérables esclaves de la croix ; qu'elle essaie donc de former des hommes aussi vraiment indépendants que saint François d'Assise. O le noble et glorieux vassal qui ne relève plus que de Dieu !

Par la croix, avons-nous dit encore, l'homme possède l'intelligence de la nature. Quand une fois, en effet, on a bien compris la fin générale de toutes les œuvres de Dieu ; quand on ne voit plus, dans tous les êtres créés, que des moyens établis pour arriver à cette fin, tout alors, dans la nature, se coordonne et s'harmonise dans un ensemble merveilleux, tout s'explique, et la moindre créature devient un emblème et porte sa signification. Aussi, voyez François d'Assise, cet amant passionné de la croix ; c'est Jésus, son bien-aimé Jésus, qu'il voit partout et toujours. Il s'en va parcourant les forêts, il l'appelle, il le demande aux arbres eux-mêmes, en les serrant dans ses bras. Et puis, rien n'est plus étranger pour lui dans la nature ; les oiseaux, ce sont ses petits frères ; le soleil, c'est son frère aussi. Et certes il disait vrai, cet homme de Dieu, car enfin, c'est bien aussi pour glorifier le Maître du monde que les animaux et les astres ont été tirés du néant ; et, malgré l'infériorité de leur nature sur celle de l'homme, ils n'en sont pas moins associés à lui pour former, en l'honneur de leur commun Auteur, un concert d'adoration et d'amour.

Enfin, un troisième privilége que saint François d'Assise trouva dans la croix, c'est la domination sur la nature. Lorsque Jésus, pendant sa vie, commandait aux éléments, enchaînait les tempêtes, affermissait les flots sous ses pas, et qu'il voyait ses disciples demeurer saisis d'étonnement, il leur reprochait leur peu de foi et les assurait qu'ils n'avaient qu'à croire en lui pour opérer des choses plus merveilleuses encore. Et, en effet, voici qu'après plus de onze cents ans, un pauvre moine s'abandonne à lui sans partage, ne recherchant, comme lui, que les souffrances et les ignominies de la croix ; et la nature lui devient soumise. Il avait dit au Seigneur avec le Psalmiste : « Me voici, mon Dieu, pour faire votre volonté[1] ; » et Dieu lui donne le

1. *Ps.* XXXIX, 8 et 9.

change; il se met lui-même à son service, lui promettant de faire la volonté de ceux qui le craignent [1], et lui disant avec une bonté toute paternelle : « Mon fils, vous avez toujours été avec moi, tout ce qui est à moi vous appartient [2].» Qu'on ne cherche pas ailleurs le secret de la puissance merveilleuse de saint François sur les créatures ; l'arme puissante, la seule arme dont il se soit servi pour dompter la nature, c'est la croix ; et, pour que personne ne s'y méprenne, c'est presque toujours en vertu du signe de la croix qu'il opère ses prodiges.

Et maintenant, pour ceux que ces raisons ne convaincraient pas encore, il nous reste une dernière réponse, un dernier mot, et ce mot devrait être compris, car il s'adresse au cœur. Vous me demandez la raison de cet attrait excessif pour l'abnégation et la pauvreté, de ces épanchements affectueux à la vue des beautés de la nature, et de cette domination sur les êtres créés ; et moi je vous réponds qu'elle se trouve dans l'amour divin qui dominait le cœur de saint François d'Assise. L'amour divin, ah ! nos âmes froides et languissantes sont loin de comprendre tout ce qu'il a de puissant et de suave ; mais ils le sentaient bien, ces hommes qui pensaient voir les liens de leur corps se dissoudre par l'ardeur et l'impétuosité des flammes qui les consumaient. C'était cet amour qui faisait oublier à notre Bienheureux les souffrances auxquelles il s'astreignait ; car il n'y a plus de peine quand on aime. « Sitôt que quelque rayon de cette première beauté commence à paraître sur nous, dit saint Basile, notre esprit, transporté par une ravissante douceur, perd aussitôt la mémoire de toutes ses autres occupations ; il oublie toutes les nécessités de la vie. Nous aimons tellement cet amour bienheureux et céleste, que nous ne pouvons plus sentir d'autres flammes [3]. » C'était sous l'influence de cet amour divin, que saint François exerçait sur les créatures un commandement absolu, et qu'elles semblaient forcées, par une vertu secrète, de faire sa volonté. C'était sous son impulsion, qu'il se portait jus-

1. *Ps.* CXLIV, 19.
2. S. Luc, XV, 31.
3. In *Psal.* XLIV, n° 6.

qu'aux extrémités de l'héroïsme et du dévoûment chrétien. Dans l'ivresse de cet amour surnaturel, il ne se possédait plus lui-même ; c'était l'esprit de Dieu qui l'entraînait, c'était comme une force irrésistible qui le pressait, c'était enfin une sainte et ardente passion qui l'absorbait tout entier. Uni à Dieu par la plus étroite charité, il était lui-même comme un Dieu, ne formant plus, selon l'expression de l'Apôtre, qu'un même esprit avec lui [1].

La croix et l'amour, voilà donc, en deux mots, ce qui explique toute la vie de saint François d'Assise. Après cela, s'il est encore de ces hommes qui se ferment les yeux pour ne pas voir et les oreilles pour ne pas entendre ; s'il en est encore qui s'obstinent à ne voir, dans les entretiens de saint François avec les esprits célestes, que le produit d'une imagination surexcitée ; dans sa puissance sur la nature, que l'effet naturel d'une espèce de fascination magnétique ; et dans ses rudes macérations, qu'un misérable fanatisme, nous ne les condamnerons pas, mais nous les plaindrons dans la sincérité de notre cœur, nous prierons pour eux, et nous bénirons Dieu de nous avoir donné plus d'intelligence et plus de foi sur les choses merveilleuses qu'il opère par ses saints.

Nous ne dirons rien de notre traduction, des soins que nous avons apportés pour y conserver, autant que possible, la simplicité et la naïveté d'expression qui se trouvent dans l'original [2] ; nous ne dirons rien non plus des nombreuses difficultés que présentait un pareil travail ; elles ne pourront être justement appréciées que par ceux qui connaissent le texte italien. Mais, nous l'avouons, ces difficultés nous

1. *Corinth.*, VI, 17.
2. Nous avons eu l'avantage d'avoir à notre disposition quatre éditions différentes des *Fioretti*, et deux manuscrits très-anciens et très-précieux de cet ouvrage qui se trouvent à la Bibliothèque Royale. Mais nous nous sommes attaché spécialement à l'édition de Vérone (1828), qui a servi de type à toutes celles qui ont été faites, depuis, en Italie ; nous ne nous en sommes écarté que lorsque les variantes des manuscrits nous paraissaient évidemment préférables. — Notre traduction ne nous paraît plus avoir besoin maintenant de recommandations ; car c'est déjà la cinquième édition que l'on vient de publier. On la trouve à la librairie Bray et Retaux, rue Bonaparte, 82. — 1 vol. in-12. Prix : 3 fr.

ont été douces à surmonter. Nous n'avons travaillé aux *Fioretti*, que pendant les loisirs que nous laissaient des études plus importantes et plus sérieuses; c'est là que nous allions chercher nos délassements, et ce repos nous a toujours été délicieux. Oui, nous nous rappellerons longtemps encore ces jours où nous nous retirions dans un bois solitaire, pour y traduire *les merveilleuses prédications de François à ses petits frères et à ses petites sœurs les oiseaux.* Environné nous-même d'une nature qui se présentait avec tous ses charmes, nous n'avions pas de peine à nous identifier avec ses sentiments, et jamais poésie ne nous avait paru plus suave,

O saint François d'Assise! je vous rends grâces pour les consolations que m'a procurées la méditation de votre admirable vie et de vos sublimes vertus. Puissé-je en profiter pour le salut de mon âme! Puissé-je devenir, comme vous, humble et pauvre sur la terre! Après cela, j'ajouterais volontiers, avec une grande âme : « Mon Dieu, ce n'est pas la gloire du ciel que j'envie ; ce n'est pas d'y régner que je vous demande, c'est encore de vous y servir. Ah ! si, dans le ciel, il y avait des frères convers, et que j'en fusse ! »

# NOTES SUR LES FIORETTI.

*Première note.* **Page 45.** — D'après Wadding, l'auteur des *Fioretti* serait un contemporain de saint François, nommé Ugolin de Mont-Sainte-Marie. Mais, en le faisant en même temps l'historien contemporain du bienheureux Jean Firmin, le célèbre annaliste nous donne lieu lui-même de le soupçonner d'inexactitude, puisque dans cette hypothèse Ugolin n'aurait pu commencer son histoire du bienheureux Firmin qu'à l'âge de plus de cent ans.

« Si tout l'effort du mysticisme est de faire que l'homme s'oublie devant Dieu, dit Ozanam, dans les *Poètes Franciscains*, il ne faut pas s'étonner que l'auteur de *l'Imitation* ait voulu rester ignoré, ni que toute la poésie Franciscaine vienne aboutir à une œuvre charmante, mais anonyme : ce sont *les Petites Fleurs de saint François*. Elles ressemblent vraiment aux fleurs, qui ne publient pas le nom de leur jardinier, mais qui annoncent leur saison. Tout dans ce livre respire la foi, la naïveté du moyen âge : des indices incontestables y font reconnaître la première moitié du quatorzième siècle; mais on n'a que de faibles conjectures pour y soupçonner la main de Jean de Saint-Laurent, de la noble famille Florentine de Marignolles, que son savoir et sa vertu firent élever, en 1354, au siége épiscopal de Bisignano. A vrai dire, un livre pareil n'a pas d'auteur ; il se fait peu à peu et comme par le travail de tout un siècle. »

*Deuxième note.* **Page 46.** — Quelques jours seulement après la publication de ma première édition des *Fioretti*, une circonstance assez singulière m'apprenait que la pensée de traduire cet ouvrage avait mis à l'œuvre une plume beaucoup plus exercée que la mienne.

Frédéric Ozanam m'avait rendu de si précieux services dans le cours de mes précédentes études, que je me fis un plaisir d'aller lui présenter moi-même un hommage de mon livre.

Contre son habitude, je le trouvai soucieux et embarrassé, et comme je lui en faisais tout simplement l'observation, il m'en donna la raison avec la même simplicité. Lui-même, alors, venait de terminer la traduction des *Fioretti*; ce travail avait intéressé vivement sa piété et sa curiosité littéraire, et il était sur le point de le publier. J'arrivais donc dans les circonstances les plus inopportunes. Quelques jours après, M. Ozanam avait lu mon livre, et il me déclarait que le sien devenait inutile, puisque j'avais rendu sa pensée sur les *Fioretti*. Il se contenta, plus tard, de donner dans ses *Poëtes Franciscains*, un choix de trente-trois chapitres pris dans la première partie ; et il voulut bien alors rendre public le témoignage particulier qu'il m'avait exprimé déjà, en déclarant, dans une note, que les *Fioretti* avaient été complétement traduites par M. l'abbé Riche, et que sa traduction est « intelligente et bien écrite » [1].

En 1853, j'étais en Italie, lorsque Dieu enleva au monde catholique cet homme jeune encore, qui venait d'être une de ses gloires. C'est moi qui en donnai la première nouvelle au saint Père, Pie IX, dans une audience que j'eus l'honneur d'obtenir alors ; et Sa Sainteté qui connaissait le mérite, les services et les vertus de Frédéric Ozanam, me laissa voir tout le regret qu'Elle éprouvait de cette perte vraiment douloureuse.

*Note troisième.* Page 52. — En la dix-huitième année de sa pénitence, saint François, ayant passé quarante nuits dans les veilles, eut une extase à la suite de laquelle il ordonna à Frère Léon de prendre une plume et d'écrire. Alors il entonna le cantique du Soleil. Et, après qu'il l'eut improvisé, il chargea Frère Pacifique, qui dans le siècle avait été poète, de réduire les paroles à un rhythme plus exact, et il ordonna que les frères les apprissent par cœur pour les réciter chaque jour. Les paroles du cantique étaient celles-ci :

« Très-haut, tout-puissant et bon Seigneur, à vous appar-
« tiennent les louanges, la gloire et toute bénédiction. On ne
« les doit qu'à vous, et nul homme n'est digne de vous
« nommer.

« Loué soit Dieu, mon Sauveur, à cause de toutes les créa-
« tures, et singulièrement pour notre frère messire le Soleil,
« qui nous donne le jour et la lumière ! Il est beau et rayonnant
« d'une grande splendeur, et il rend témoignage de vous, ô
« mon Dieu !

« Loué soyez-vous, mon Seigneur, pour notre sœur la lune
« et pour les étoiles ! vous les avez formées dans les cieux
« claires et belles !

1. Les *Poëtes Franciscains* en Italie, 426.

« Loué soyez-vous, mon Seigneur, pour mon frère le vent,
« pour l'air et le nuage, et la sérénité et tous les temps, quels
« qu'ils soient ! car c'est par eux que vous soutenez toutes les
« créatures.

« Loué soit mon Seigneur pour notre sœur l'eau, qui est
« très-utile, humble, précieuse et chaste !

« Loué soyez-vous, mon Seigneur, pour notre frère le feu !
« par lui vous illuminez la nuit, il est beau et agréable à voir,
« indomptable et fort.

« Loué soit mon Seigneur pour notre mère la terre, qui nous
« soutient, nous nourrit, et qui produit toute sorte de fruits, les
« fleurs diaprées et les herbes ! »

Saint François ayant appris que l'union était brisée entre
l'évêque d'Assise et les magistrats de cette ville, ajouta ces
paroles à son cantique :

« Loué soyez-vous, mon Seigneur, à cause de ceux qui par-
« donnent pour l'amour de vous, et qui soutiennent patiem-
« ment l'infirmité et la tribulation ! heureux ceux qui persé-
« vèrent dans la paix ! car c'est le Très-Haut qui les coúronnera.»

Plus tard, François ayant été conduit à Foligno, pour y ré-
tablir par le changement d'air sa santé altérée, il éprouva quelque adoucissement à ses douleurs. Mais bientôt il apprit par
révélation qu'il souffrirait encore deux ans, après quoi il en-
trerait en possession du repos éternel ; et ravi de joie, il composa le verset suivant, par lequel il termina le cantique.

« Soyez loué, mon Seigneur, à cause de notre sœur la Mort
« corporelle à qui nul homme vivant ne peut échapper ! Mal-
« heur à celui qui meurt en péché mortel ! Heureux ceux qui, à
« l'heure de la mort, se trouvent conformes à votre très-sainte
« volonté ! car la seconde mort ne pourra leur nuire.

« Louez et bénissez mon Seigneur, rendez-lui grâces, et ser-
« vez-le avec une grande humilité [1]. »

Cette façon de composer peu à peu, selon l'inspiration du
cœur et le besoin du moment, dit Ozanam, rappelle tout à fait
la manière des grands poètes, comme Dante, comme Camoëns,
portant dans leurs voyages et leurs exils l'œuvre qu'ils avaient

---

[1]. Le texte du poème présente une sorte de prose rimée qu'on peut écrire
ainsi :

> Altissimo, omnipotente, bon Signore ;
> Tue son le laude, la gloria, lo honore ;
> E ogni benedizione...
> Lodato sia mio Signore per suora luna, e per le stelle,
> Il qual in cielo le hai formate chiare e belle.....

conçue, et y ajoutant au jour le jour l'expression toute brûlante de leurs douleurs ou de leurs espérances. Le poème de
saint François est bien court, et cependant on y trouve toute
son âme : sa fraternelle amitié pour les créatures ; la charité
qui poussait cet homme humble et timide à travers les querelles
publiques ; cet amour infini qui, après avoir cherché Dieu dans
la nature et l'avoir servi dans l'humanité souffrante, n'aspirait
plus qu'à le trouver dans la mort. On y sent comme un souffle
de ce paradis terrestre de l'Ombrie, où le ciel est si doré et la
terre si chargée de fleurs. Le langage a toute la naïveté d'un
idiôme naissant ; le rhythme toute l'inexpérience d'une poésie
peu exercée, et qui contente à peu de frais des oreilles encore
indulgentes. Les délicats auront quelque peine à y reconnaître
les conditions régulières d'une composition lyrique. Ce n'est
qu'un cri; mais c'est le premier cri d'une poésie naissante,
qui grandira et qui saura se faire entendre de toute la
terre [1].

Nous avons remarqué que saint François chantait souvent en
français ; c'est qu'en effet l'éducation littéraire du saint Patriarche s'était faite moins par les études classiques, auxquelles
il donna peu de temps, que par la langue française, déjà con-
sidérée en Italie comme la plus délectable de toutes, et la gardienne des traditions chevaleresques qui polissaient la rudesse
du moyen âge. Il avait un secret penchant pour le pays de
France, auquel il devait son nom ; il en aimait la langue, bien
qu'il s'y exprimât avec difficulté, il la parlait avec ses frères.
Il faisait retentir de cantiques français les forêts voisines ; on
le voit, dans les premiers temps de sa pénitence, mendiant en
français sur l'escalier de Saint-Pierre de Rome, ou, tandis qu'il
travaillait à la reconstruction de l'église de Saint-Damien, s'a-
dressant en français aux habitants et aux passants, pour les
inviter à relever la maison de Dieu.

*Note quatrième.* Page 52. — On a donné aux plaies de saint
François le nom de *Stigmates,* qui est le terme dont saint Paul
se sert pour exprimer les marques et les cicatrices des coups et
des blessures qu'il avait reçus pour la gloire de son Maître. Ce
terme est pris de l'usage des anciens qui imprimaient certains
caractères sur le corps des esclaves et des soldats nouvellement
enrôlés. L'apôtre mettait sa gloire dans ses cicatrices comme
dans des marques royales, dit saint Chrysostôme ; et ces Stigmates, en le rendant conforme à Jésus-Christ, attestaient tout à
la fois qu'il était son serviteur et son soldat, et qu'il en avait bien
rempli les fonctions.

1. *Poëtes Franciscains,* 91 et 92.

par une fort belle grille en fer. Le maître-autel est décoré
d'une magnifique Assomption du célèbre André della Robbia.
On entre de là dans l'église principale, qui remonte au milieu
du quatorzième siècle. Elle est éclairée, spacieuse, flanquée
d'une belle tour, et entourée d'un portique d'où l'on découvre
le plus immense paysage dont il soit possible de se faire une
idée. D'un côté, ce portique se prolonge jusqu'à l'église des
Stigmates, dont la voûte est tout azurée avec des étoiles d'or.
Au milieu, sous une grille, est le lieu à jamais béni, où François était agenouillé pendant la stigmatisation. Tous les jours
après Complies, et toutes les nuits après Matines, les religieux
vont en procession de l'église principale à l'église des Stigmates.

On reste profondément ému quand on voit ces religieux, avec
leurs grands manteaux bruns, défiler deux à deux sous les
arceaux du portique, chantant des hymnes entrecoupées de repos pendant lesquels on n'entend que le bruit des pas sur les
dalles, le son de la cloche et le murmure du vent dans le feuil-
lage des hêtres. Pendant l'office, lorsqu'on entend les divines
harmonies de l'orgue, l'âme monte vers Dieu ; les bruits de la
terre se taisent, et il n'y a plus que le retentissement infini de
ces concerts angéliques qui consolaient et réjouissaient François dans sa solitude. Chaque partie de la montagne est consacrée par une tradition vénérable. Là priait et méditait saint
Bonaventure ; là, dans la petite chapelle de Saint-Sébastien, le
démon voulait précipiter François dans l'abîme ; là est l'oratoire
où le bienheureux Jean d'Alverne conversait familièrement avec
Jésus ; là sont des hêtres contemporains de saint François ; il
aimait à se retirer dans cette grotte pour y contempler les
adorables grandeurs du Christ..... Pieux et touchants souvenirs ! — Voyez la description plus détaillée de l'Alverne, dans
l'*Histoire de saint François d'Assise*, par M. Chavin de Malan,
chap. XIV.

www.ingramcontent.com/pod-product-compliance
Lightning Source LLC
Chambersburg PA
CBHW051622060726
47597CB00004B/1399